T0278800

Geniales

FERNANDO ALBERCA

Geniales

La genialidad incomprendida de los niños

TOROMÍTICO

Primera edición: noviembre de 2022

Editorial Toromítico • Padres y Educadores
Edición: Alfonso Orti & Antonio Cuesta
Director del sello: Óscar Córdoba
Corrección: Antonio García Rodríguez

www.toromitico.com
pedidos@almuzaralibros.com - info@almuzaralibros.com

Editorial Almuzara
Parque Logístico de Córdoba. Ctra. Palma del Río, km 4
C/ 8, Nave L2, n.º 3. 14005, Córdoba

Imprime: Romanyà Valls
IBIC: JNC; VFX; PSAN; VSPM
THEMA: JNC; VFX; PSAN; VSPM
ISBN: 978-84-11313-44-5
Depósito legal: CO-1729-2022
Hecho e impreso en España - *Made and printed in Spain*

A María: todo.
A nuestros tres hijos (Fernando,
Álvaro, José) y cinco hijas (María, Marta,
Mercedes, Esperanza, Rocío), geniales.

Y a Nacho, Álvaro y María, Joaquín y Lena, Pedro y Zuri, Rafa, Javier; y a cada uno de sus hijas e hijos, que derrochan genialidad y sensibilidad cada segundo. A siete de los mayores genios que conozco, pozos de sensibilidad: los fotógrafos José Manuel Delafuente y Blanca Pavón; los polifacéticos Antonio Cuesta y Manuel Pimentel, mis editores; Antonio García y Alfonso Orti, de Almuzara; y el mejor de los creativos, director audiovisual y padre: Andrés Chueca.

A mi amigo Guillermo Jiménez Arribas, un genio.

A Javi, Lucía y los geniales Marcos, Isabel, Elena y Luis.

A Fernando Cuevas, Pedro Díez-Antoñanzas, David Serrano y Agustín Moreno, mis cuatro *Men in Black*. A los que tantas vidas debo.

A mis primos, genios, y a todos sus hijos.

Y a mi tía Antonia, junto con mis padres, que, además de genios, hicieron de su vida, los tres, una obra envidiable, genial, además de generosa.

Índice

De inicio 15

LA GENIALIDAD QUE TODOS TIENEN 17

1. La genialidad que se atribuye a los adultos y se niega a los niños 19
2. Algunas condiciones fascinantes de la genialidad 29
3. Necesidad de reconocimiento desde la escuela 35
4. Todo niño y niña es un artista 41
5. La genialidad es ser como es y preguntarle «por qué» 47
6. La inteligencia es una sola, aunque muy rica: no es múltiple 53
7. Siglo XX vs. siglo XXI 63
8. El ejemplo de un futbolista: la genialidad deportiva de ella 75
9. Hablando de fútbol, la genialidad de lograr un sueño que dure 93
10. La genialidad de vencer fuerzas mayores con otras superiores 101
11. La niña que habló con la planta 97 109
12. La genialidad conecta todo a la vez 113
13. Una genialidad sin descubrir: «¡Cómo ha podido pensar que fuera tan tonta!» 117
14. Otra genialidad: la de quien amarra 119
15. Hay verdades que cosechan solo malas notas 123
16. La trampa de la falsa creatividad 127
17. Santi es un genio 129
18. El comité de expertos y expertas sobre el fracaso escolar y más genialidades 135
19. Cómo saber que nos quieren 145
20. «Hoy no voy a trabajar» 149
21. Todos los niños y niñas a los cinco años son genios filósofos 155
22. Carlota 161
23. Los genios abundan: niños, niñas y adolescentes 165
24. La escuela mira solo a un mismo lado 173
25. «¡Por qué me ponen obstáculos por ser lista o completa!» 179
26. Por lo mismo, muchos genios tuvieron problemas en la escuela 183
27. La escuela que estaría a la altura de la necesidad y genialidad 189

28. La genialidad aplicada al corazón familiar:
el multiverso de Álvaro 193
29. La solución, también genial, de Paula 197
30. Padres y madres que fomentan la genialidad 201
31. Ser genial, bueno; y disfrutar 203

LA SENSIBILIDAD DE LOS NIÑOS Y NIÑAS DE HOY:
MOTOR DE LA GENIALIDAD 207

32. ¿Qué es en realidad la sensibilidad? 209
33. La sensibilidad de tu hijo concreto 219
34. Saber cómo son, para tratarlos con justicia y convivir felices 225

CÓMO TRABAJAR A CUALQUIER EDAD SU GENIALIDAD Y SENSIBILIDAD SI, ADEMÁS, TIENE ALTA CAPACIDAD INTELECTUAL 231

35. La alta capacidad es solo una de las partes de un todo 233
36. Cómo ayudar a alguien que es genial, sensible,
y, además, tiene ACI 237

Nota final 265

«Todo niño es un artista.
El problema es cómo seguir siendo artista
una vez que se crece».
Picasso

«Quien no sabe lo que busca,
no entiende lo que encuentra».
Claude Bernard

De inicio

La genialidad y la sensibilidad están en todo ser humano y se han convertido en una necesidad en los tiempos que vivimos y se complican para nuestros hijos e hijas. Son el oxígeno y la esperanza.

De usar la genialidad cuando es necesaria depende mantener lo mayor que tenemos: singularidad, libertad, capacidad de descubrir que somos amados y la felicidad en un mundo grandioso. Un tesoro robado ya o pretendido por los ladrones que nos distraen para su hurto con el estrés y la prisión de obligaciones que nos consumen, ocultando lo importante de nuestra vida: valiosa, fugaz y única.

Detectar y defender su genialidad y sensibilidad es una necesidad. La solución de los problemas de cada uno y una pasa por aprovechar o recuperar la genialidad de su infancia, la nuestra también, y eliminar prejuicios, actualizar lo que somos en nuestro día a día; por unir nuestras piezas descompuestas y lograr lo extraordinario que somos y necesitamos.

En este libro se defiende esa necesidad de detectar, proteger, la genialidad y sensibilidad que se desarrolla desde la infancia, para que siga creciendo en la adolescencia, juventud y adultez, que es cuando más se necesita.

Para ello incluye numerosos ejemplos de la genialidad de niños, niñas y adolescentes, para que ayuden al joven y al adulto (padres, madres, abuelos, abuelas, familiares, docentes y educadores) a descubrirla, valorarla y protegerla hasta que deje de ser una cualidad en extinción en la vida de cada hijo e hija.

Explica y defiende la unidad de la vida del ser humano: rica, llena de partes dependientes que conforman un solo todo, lo que cada uno es, un tesoro valioso, que no necesita mejorar para ser valioso.

Y se apoya en la experiencia escuchando a personas para predecir que estamos en el umbral de una época difícil que solo solucionará cada ser humano siendo más humano y recurriendo a lo que es y a lo que fue en su infancia.

LA GENIALIDAD QUE TODOS TIENEN

1

LA GENIALIDAD QUE SE ATRIBUYE A LOS ADULTOS Y SE NIEGA A LOS NIÑOS

A menudo, para no quedar mal o para perpetuar nuestra posición, a los adultos, aunque vayan por ahí desnudos, solemos alabarles su ficticio traje, inexistente, como en el cuento de Andersen, *El traje del emperador*. Por el mero hecho de sacar provecho de ellos o por aparentar lo que no somos ni sentimos. Así, al adular al emperador por cómo viste cuando en realidad va desnudo, nos acostumbramos sin querer, por falta de sensibilidad adulta, a desperdiciar y penalizar el oro y brillantes de verdad, que se mantiene aún en la mayoría de los niños y las niñas.

La genialidad es la capacidad del ser humano de ser completo, extraordinario, admirable, uniendo todo lo que se es y todas las circunstancias, para expresar una solución a una necesidad compartida con el resto de la humanidad.

Sus ingredientes están al alcance de cualquier persona, por lo que resulta que todo ser humano puede ser genial. Sus ingredientes están en el almacén de cada persona, como en una despensa de un exquisito chef. Toca a cada cocinero o cocinera saber escoger los ingredientes, combinarlos y cocinarlos en tiempo y modo genial.

No todos lo harán; sí podrían hacerlo todos.

Pero, aunque el resultado de una cocina sea extraordinario —genial—, puede no llegar a probarse si no vamos hasta el restaurante de ese chef, y aun yendo, puede no detectarse, habida cuenta de nuestra obsesión por lo feo o nuestra costumbre de comida basura.

Así, la genialidad, pese a que exista siempre, puede apreciarse o no.

Puede también ocultarse por enfermedad, pero son los menos casos.

Pongamos un ejemplo de alguien genial que haya pasado por estos dos últimos casos: el batería de Genesis, Phil Collins.

Phil Collins tocando la batería es un genio. Baste recordarlo, por ejemplo, en la siguiente URL: https://youtu.be/xJIurkMhLEQ.

El público le aclama y aplaude desde antes de comenzar, previendo lo que va a vivir.

Phil Collins es genial. Aunque ya no puede tocar la batería. Una larga enfermedad le impide la movilidad y la agilidad mental que tuvo, pero es el mismo que vive y existe: solo hay un Phil Collins batería y aún está.

Londres, 26/03/2022. © Raph_PH, CC BY 2.0. https://flic.kr/p/2naP3cw

Sentado y con su bastón durante la gira de despedida con Genesis, «The Last Domino?»...

Londres, 26/03/2022. © Raph_PH, CC BY 2.0. https://flic.kr/p/2naP3cw

Ahora parece decirnos: «Os toca a vosotros en este concierto que vivimos juntos». Porque Phil es el mismo: un tipo genial.

Si hizo alguna vez algo genial, esa genialidad demostrada le corresponde y no es justo robársela, por más que no se reproduzca. Estuvo y la dio, la disfrutamos y está dada para siempre. Sin poder generarse nueva, de acuerdo, pero no menos genialidad de la que ya le vimos y escuchamos; la misma genialidad, más la nueva de llevar bien su enfermedad y su imposibilidad de tocar la batería: una genialidad nueva del mismísimo Phil Collins, que lo engrandece.

Es verdad que enfermedades como la de Phil limitan el chorro visible de una genialidad a la que nos habíamos acostumbrado, pero lo más habitual es que la enfermedad no aparezca, ni los accidentes que impidan mantener una misma manifestación de genialidad y que así se cumpla el refrán español: «Quien hizo un cesto hará ciento, con mimbre y tiempo». De ahí la importancia de detectar cuanto antes la mayor parte posible de la genialidad de cada uno y una, registrarla en el concepto que se tiene de quien la tiene y subir su autoestima adecuadamente, de una forma tan equilibrada como completa, especialmente cuando se empieza la adolescencia a los nueve años.

Todas las personas pueden ser geniales; tienen capacidad de serlo. Pero la persona la pone de manifiesto si hace alguna genialidad. Por eso solo decimos que es genial cuando vemos su genialidad. Ahora bien, si hizo una genialidad, se descubrió ya su condición genial. Si determinadas circunstancias la ocultan, como una enfermedad, en el caso de Collins, su genialidad no disminuye: la he visto e incluso, en su caso, la tenemos grabada y podemos reactualizarla cada vez que queramos con los dispositivos convenientes.

Lo malo es atribuirle genialidad a quien aún no ha hecho nada genial. Mermamos sus probabilidades reales de serlo.

La genialidad no es lo nuevo, lo llamativo, lo sorprendente, lo original, lo imaginativo, ni siquiera lo creativo. Estas cualidades se dan en todo hecho genial, pero no son geniales en sí, si no hay mucho más. De modo que se puede ser muy original o llamar mucho la atención, sorprender, resultando ser ingenioso, ocurrente, astuto, oportuno, y no ser genial.

Veamos algunos ejemplos de lo que no es genialidad, ni siquiera creatividad, sino llamadas de atención, provocación y originalidad: insuficiente para que algo sea genial. Se trata de ejemplos que se aseguran, antes de exhibirse, de que nadie pueda llamarlos estupidez, desnudez —recordando al emperador—, porque, igual que los estafadores del cuento de Andersen, se ha prevenido antes a la mayoría de que, si alguien no viera en estos ejemplos la genialidad, es que ellos no son geniales, sino ignorantes y simples, y lo que sería insoportable: imprescindibles en esta sociedad de «genios». Y nadie quiere ser desechado, y por eso asiente, como la mayoría de los personajes de *El traje del emperador*.

Igual que a ellos, se nos ha dicho que este cuadro de Ad Reinhardt, pintado entre 1960 y 1966 y titulado *Abstract Painting*, es una genialidad. Admírese el gesto del personaje de la izquierda, que recibe las explicaciones del segundo personaje. Desde la comunicación no-verbal, podemos decir, por la posición corporal de este segundo, que está volcado en explicarse ante el primero, compensando algo que intuye que él no ve. La mano del personaje más a la derecha no sabemos si es de asombro, admiración, rechazo..., pero, en todo caso, se ve obligado a reaccionar. El personaje tercero se agarra al de su derecha buscando protección.

Burt Glinn: *An Ad Reinhardt painting at the Museum of Modern Art*, 1964.

Algunos críticos de arte, con nombre, apellidos y renombre, se vanaglorian en Internet argumentando el inmenso valor de cuadros como este. Diciendo que su valor estriba en que «nos interpelan y emocionan». Todo en el ser humano provoca una reacción de emoción (de temor, vergüenza, asombro, alivio, sorpresa, pena, confirmación, afecto... hasta cuarenta y una emociones que hay) y no por ello es arte cada acción que nos la provoca, aunque sí nos *interpele* y *emocione*.

Supongo que el problema de estos «críticos del emperador» será que no saben lo que son las emociones, porque no seré yo quien se atreva a decir que no saben lo que es arte. O quizás es que se refieren a otro arte, al del *marketing* y no al pictórico.

En efecto, todo lo que emociona no es arte. Un derrumbe de una casa provoca emoción (miedo) y nos interpela y no es arte. Un paisaje hermoso provoca gratitud, serenidad u otras muchas emociones y sentimientos y no es arte, es naturaleza. Un décimo de lotería premiado emociona y tampoco es arte.

Instalación de David Zwirner dedicada a Ad Reinhardt. Nueva York, 2013.

Es increíble cómo los adultos se ponen de acuerdo para admitir como genial lo que solo es una llamada notable de atención o una innovación ocurrente, al tiempo que desechan cualquier genialidad de un niño o niña en un examen o una intervención escolar, penalizándola y sin distinguir en ellas el arte que conllevan, merecedoras de sobresalientes.

Sin embargo, los niños no confunden el arte con la llamada de atención.

En la foto, Rosario, José María, Juan y Concha (esta última no, porque no ve desde el carro) observan unos cuadros que, si los hubieran hecho ellos en su casa, su madre no los enmarcaría ni descubriría quizás como arte.

Comediante, de Maurizio Cattelan, valorado en 120 000 €. Lo que cuesta dar de comer a ciento veinte mil niños un día en África, según ACNUR. O alimentar a cuatro mil niños africanos en un mes.

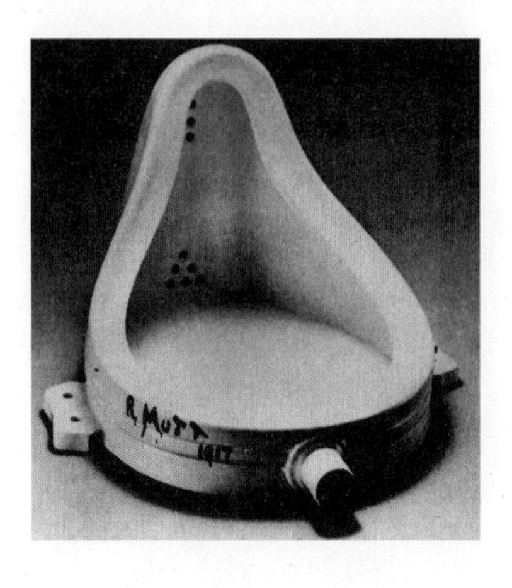

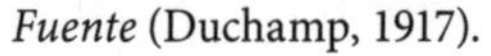

Fuente (Duchamp, 1917). *Vaso de agua medio lleno* (Prieto, 2006).

Marcel Duchamp, en 1917, confesaba por escrito:

«Les arrojé a la cabeza un urinario como provocación y al final terminaron admirando su supuesta belleza estética...».

Hizo un urinario inútil, en el que, si alguien se atreviera a orinar, se orinaría encima. Le puso un pseudónimo, por si acaso, y lo presentó a una exposición de Nueva York, con el título *Fuente*. En 2004, una encuesta de «expertos en arte» (como sastres del emperador) nombraron a esta la obra más influyente de todo el arte contemporáneo. Duchamp produjo varias réplicas y una llegó a venderse, en una subasta del año 1999, por 1,7 millones de dólares. Es decir, lo que cuesta dar de comer a 1 717 171 africanos, casi dos millones, durante un día; o a 57 239 africanos y africanas durante un mes.

Vaso de agua medio lleno se vendió por 20 000 € en ARCO (España), en el año 2015: lo que da de comer a 20 000 niños un día en África, o a 666 un mes completo. El agua era del grifo.

No extraña, por eso, que haya adultos, «expertos», que llamen *genialidad* a la mierda de un pintor. En sentido literal. Piero Manzoni dice que enlató sus deposiciones en noventa latas de 30 g cada una. Espero que quien llegó a pagar 275 000 € por una sola de aquellas latas no la abra nunca.

Elena, de doce años, dijo, al contarle esta seudogenialidad de Manzoni:

—Espero que las llenara con tierra y no de verdad con su mierda.

Entonces pensé que en ese caso pasaría públicamente de ser una seudogenialidad a ser una estafa. Así que quién sabe. Pero noventa latas se me antojan muchas. Casi tres kilos de mierda. Quizá no hubo tantos locos como para comprar las noventa latas. Sabemos que al menos una se compró, como hemos dicho, por 275 000 €. Es decir, que un solo gramo de mierda del pintor vale más que veinticinco años de comida de un africano o que el que puedan comer un día 9166 personas.

Los adultos nos tienen acostumbrados a estas «genialidades», y, sin embargo, no son capaces de detectar las verdaderas que pasan a su lado. En sus alumnos, alumnas, hijos e hijas, en todos los niños, niñas y adolescentes.

Mierda de artista, de Piero Manzoni: 275 000 € por *solo* 30 g de deposiciones.

Una sugerencia concreta de las posibles
APLICACIONES A TU HIJO

Lee con tu hijo o hija el cuento de *El traje del emperador*, del danés H. C. Andersen. Comentad alguna aplicación actual, real o posible. Hay muchas.

Luego, cuando algo sea alabado por muchos sin que tú creas que se fundamenta en una verdad, dile que aquello es como ir desnudo y todos alabando el traje para no ser desplazados; y, al revés, cuando algo se fundamente en la verdad y sea meritorio, enséñale su valor, aunque pase desapercibido a la mayoría o sea incluso despreciado explícitamente por muchos.

2

ALGUNAS CONDICIONES FASCINANTES DE LA GENIALIDAD

Genialidad es ver las cosas cuando están pero no se ven. Entonces, el genio se encarga de enseñarlas para que todos las vean. El genio ve esto:

Campo de flores holandesas. Campo de naranjos en Córdoba.

Cuando la mayoría ve esto:

Ve esto el o la genio:

Cuando otros ven solo esto:

Algunas veces, la genialidad no surgió como se cuenta (pasado el tiempo): siempre es mejor, más curiosa, ilógica, imperfecta y genial que como la describe alguien.

La historia y la genialidad no siempre concuerdan; depende del conocimiento del historiador o historiadora, de la intención y de la expresión oportuna de la genialidad, para registrarse históricamente. Por ejemplo, eso le ocurrió al sin duda genial —de verdad— *Guernica*. Un cuadro de la pintura política, que Picasso no tenía intención de aceptar pintar para la Exposición Internacional de París hasta que la República subió el precio. Un cuadro a cuya resistencia para ejecutarlo se aferró el pintor andaluz argumentando su lejanía y su desconocimiento de los hechos y, por ello, no poder retratarlo como pretendían sus contratadores. Entonces, la genialidad que hizo que el cuadro acabara siendo una genialidad fue la de un poeta, no la del pintor. En efecto, en aquella contratación intervino el poeta Juan Larrea, que se ofreció a detallarle lo acontecido y vivido por él y que Pablo Ruiz no había experimentado. En una carta que se conserva, le dio las simbologías que Picasso fue colocando al dictado sobre el lienzo: un hombre gritando y alzando los brazos, un caballo herido, un toro, el candil... Eso sí, como solo el pintor supo colocar al dictado, claro.

De hecho, Picasso dijo que era simbólico (con la simbología de Larrea, más conocida y sentida por Juan que por Pablo). Así, el propio poeta le escribe el 6 de septiembre de 1947 recordándole lo que alguna figura significaba, porque comenzaban a difundirse variadas simbologías de cada figura, comentadas por Picasso, no coincidentes exactamente con lo pretendido por aquella República y Larrea. Esta carta es complementaria a aquella primera del poeta, y también muy significativa:

sario. Personalmente me contento con el mínimo: con que me apee usted del caballo a esa crítica insignificante que quiere hacer del Guernica una pintura a su imagen y semejanza. Porque para disipar el malentendido de la declaración que le atribuyen y toda vez que ya admitió usted que las figuras son representativas, el mínimo necesario es que haga usted saber, sin lugar a dudas, que al caballo le asignó la representación alegórica del franquismo con su merecida condena a muerte. Entonces volveríamos a tener todos derecho a discutir a pie firme lo que realmente significa el cuadro, y no perder el tiempo en averiguar qué es lo que usted dijo o dejó de decir, si sus palabras fueron bien o mal interpretadas por J. Seckler y qué alcance tiene su aprobación del texto de dicha interview, problemas todos forrajeros, descorazonadores para los que necesitamos ir al grano de la vida.

> «Personalmente me contento con el mínimo: con que se apee usted del caballo a esa crítica insignificante que quiere hacer del Guernica una pintura a su imagen y semejanza. Porque para disipar el malentendido de la declaración que le atribuyen y toda vez que ya admitió usted que las figuras son representativas, el mínimo necesario es que haga usted saber, sin lugar a duda, que al caballo le asignó la representación alegórica del franquismo con su merecida condena a muerte. Entonces volveríamos a tener todos derecho a discutir a pie firme lo que realmente significa el cuadro, y no perder el tiempo en averiguar qué es lo que usted dijo o dejó de decir, si sus palabras fueron bien o mal interpretadas por J. Seckler y qué alcance tiene su aprobación del texto de dicha interview, problemas todos forrajeros, descorazonadores para los que necesitamos ir al grano de la vida».

Picasso había confirmado en aquella entrevista publicada por Seckler que la simbología era otra. Desde el punto de vista no verbal puede interpretarse sustanciosamente esta carta, más si se compara con otras precedentes de Juan Larrea, como la del 21 de diciembre de 1939, ambas en posesión del Museo Reina Sofía, en España.

Cosas de la genialidad de los adultos.

Wikipedia publica, al hablar de la época azul de Picasso:

> «Periodo azul de Picasso: Se conoce como etapa azul de Picasso al [sic] que transcurre entre 1901 y 1904. Este nombre proviene del color que domina la gama cromática de las pinturas, y tiene su origen en el suicidio de su amigo Carlos Casagemas el 17 de febrero de 1901, que dejó a Picasso lleno de dolor y tristeza».

Quizás sea así.

Solo es que siempre encontré una frase de Picasso ejemplo claro para explicar lo que es la genialidad de un artista. Dijo el malagueño, Pablo Ruiz Picasso: «Cuando no tengo rojo, pongo azul». Así que quizás la genialidad de la etapa azul de Picasso se deba, más que al dolor, a la carencia de rojo.

Cada día en un aula de Primaria ocurren más genialidades de las que se sospecha y se registran.

Una sugerencia concreta de las posibles
APLICACIONES A TU HIJO

Enseñarle un folio en blanco y preguntarle en qué puede convertirse: por ejemplo, en una primera hoja de una novela o un guion de una serie de TV, o en un avión de papel, o en una carta donde explicar cómo se hace una operación de matemáticas o enseñar a leer a un señor muy mayor que nunca aprendió, etc.

Después, abrirle la ventana y que aplique el mismo ejercicio de imaginación con lo que ve.

Por último, darle un trozo de arcilla o plastilina y decirle que qué ve con los ojos de la imaginación en este caso. Cuando lo diga, que intente hacerlo, aunque no lo logre.

3

NECESIDAD DE RECONOCIMIENTO DESDE LA ESCUELA

La genialidad hace brillar al talento y el talento requiere entrar en contacto con otros talentos encendidos con la chispa de sus respectivos genios y genialidades, para que el fuego se extienda.

La genialidad nos facilita la mejor convivencia, la más agradable coexistencia con otros genios que reconocen nuestra genialidad o al menos la comparten, alimentándola.

Mucha genialidad se pierde, porque se aísla y parece extraña y se abandona. Se pierde, sobre todo, desde los seis y siete años, cuando el qué dirán crece. Pero, si la genialidad fuera apreciada, por compañeros de fatiga escolar por ejemplo, se alimentaría, no parecería extraña y no habría que ocultarla ni desecharla a la larga, sino que se fomentaría.

Así, es una necesidad reconocer la genialidad en los niños y niñas para provocar que se extienda, se contagie, por un lado y para lograr que se conecte a otras genialidades por otro. Sería el modo de contagiarla a otras genialidades, la de los padres, madres, docentes también. Creciendo por contagio, como crecieron y se contagiaron la pintura y el arte en un país tan pequeño como Italia, en un siglo tan temprano como el XVI:

Botticelli, Caravaggio, Miguel Ángel, Tintoretto, Tiziano y Da Vinci.

Como se contagió también la música de genios del siglo XIX europeo (Bach, Beethoven, Mozart…) en un espacio tan pequeño y un mismo tiempo:

Europa Central y del Sur, 1700-1800

I-D: Bach, Beethoven, Mozart, Vivaldi, Häendel, Haydn, Paganini y Rossini.

Igualmente, como se contagió la genialidad literaria en un país tan pequeño como España en esos mismos años (a caballo entre el siglo XVI y el XVII), pudiendo coincidir todos en esta misma esquina de Madrid, a escasos metros de las casas donde vivían todos:

Una esquina de Madrid, 1550-1650

Foto realizada por el autor en Madrid, justo a unos metros de las casas donde residían Góngora y Quevedo, Lope, Calderón y Cervantes el mismo año.

Todos estos últimos pudieron encontrarse el mismo día en la misma esquina de Madrid y conforman, según muchos, el culmen de toda la literatura universal, con influencia decisiva en todos los siglos posteriores, incluido el actual. Demostrando la capacidad que se tiene de replicar la genialidad cuando se imita a un genio. Porque la generación del 27 comenzó por la admiración que sentían algunos escritores y poetas por Luis de Góngora:

De la Residencia de Estudiantes y de Señoritas al Ateneo de Sevilla, 1927

García Lorca, Aleixandre, Guillén, Jiménez, Alberti, Zambrano, Cernuda, Diego y Chacel.

O en otras disciplinas, el mismo país pequeño (España) que trasciende por genialidad y muestra su grandeza. Véase el triunfo del deporte a finales del siglo XX e inicios del XXI; campeones del mundo en más de trece deportes distintos: Rafa Nadal, Severiano Ballesteros, Miguel Induráin, Emilio Butragueño, Raúl González, Juan Carlos Ablanedo, Quini, Pau Gasol, Contador, Fernando Torres, Saúl Craviotto, Carolina Marín, Sandra Sánchez, Mireia Belmonte, Lydia Valentín, Andrés Iniesta, Alexia Putellas, Manuel Estiarte, Fernando Alonso, Ángel Nieto, Ruth Beitia, Teresa Perales...

1980-2022

Seve, Lydia Valentín, Pau Gasol, Sandra Sánchez, la Selección y Alexia Putellas.

Además de contagiarse, se conecta como piezas de construcción, agrandándose la genialidad

La genialidad, además de contagiarse, se conecta a la de otras y otros genios, multiplicándose el efecto hasta lo inimaginado e imprevisible.

Como se conectó la genialidad de J. K. Rowling con la de Alice Newton, la sobrina del editor que convenció a su tío de publicar *Harry Potter* tras once tentativas, y la genialidad de la puesta en escena de los comerciales, y la del primer director de la saga, y el segundo y el tercero... y la genialidad de los actores, que conectaron con el público.

La genialidad de Joanne se sumó a la de Alice y a la de Barry, Chris, Alfonso, Mike, David, Daniel, Emma, Rupert, Alan, Richard, Gary, Maggie, etc.

Las genialidades tienen que contagiarse y conectarse, y para eso, lo segundo es encontrarse y conocerse, porque lo primero es dejar que salgan, sin riesgo, con gusto, satisfacción y libertad.

Una sugerencia concreta de las posibles
APLICACIONES A TU HIJO

Los niños y las niñas, al iniciar su genialidad, no tienen prejuicios. No hemos de transmitirles los nuestros, si los tenemos, hasta que su genialidad no haya empezado a exponerse. Debemos enseñarles con nuestra confianza que los que hoy lograron algo reconocible como hecho histórico empezaron igual que ellos, que nadie sabía que lo iba a conseguir ni entendía bien lo que tenía en su cabeza y corazón.

Al mismo tiempo, hemos de enseñarles que han de leer, aprender, observar bien y extraer lo mejor de la experiencia de los que lograron los mejores avances que nos hacen más felices. Han de examinar sus pasos acertados, sus temores, indecisiones, sus pasos fallidos y su constancia, su apoyo familiar y su indiferencia social hasta el logro. Con paciencia, trabajo, humildad, y preguntando a quienes sabían resolver los obstáculos que encontraron, hasta hacer lo que solo ellos y ellas lograron hacer, apoyándose en otros.

4

TODO NIÑO Y NIÑA ES UN ARTISTA

Todo niño y niña es un artista y sigue siéndolo al crecer si aprende a vivir feliz. Si no se deja engañar con que vivir es solo sobrevivir y en solitario.

El arte innato que tiene todo niño o niña es el arco desde el que todos lanzamos nuestras flechas directas a la experiencia feliz. La virtud es la cuerda que lo tensa y le da la fuerza para llegar a la diana. El arte es la disciplina de lo genial que lo acerca a la felicidad.

El arte, puramente, es el de los niños y niñas. Merece valorarlo cuando parece que sobra y es exuberante, en sus ocurrencias, en sus asociaciones de ideas, relaciones, combinaciones, conclusiones, obras plásticas: más artísticas cuanto más pequeño o pequeña.

El arte, por tanto, no es una actividad más del ser humano. Es la línea del horizonte donde se unen cielo y tierra: donde se unen lo material y lo espiritual. Si el arte no tiene componente espiritual, simplemente, se apaga, o se convierte en solo negocio y se envilece.

El arte se dona, se transmite, se hereda, se contagia, se difunde por menos de lo que vale siempre. Porque el ser humano humanizado no tiene precio, y su creación más artística (material y espiritual), más humana, tampoco. No tiene como objeto comer, sobrevivir, sino vivir y hacer vivir a muchos, una minoría que ha aprendido a vivir con arte y a moverse con su impulso, a conectarse a los demás con él y a vivir con menos dinero del que necesita quien no valora el arte.

La vida es una obra de arte. La suya, aún más, sin estropearse aún. La gran obra de arte en la que nos asociamos a un Dios que crea lo mejor. La infancia de un hijo o hija es la obra de arte de un padre o una madre; la adolescencia equilibrada, la obra de uno mismo que se ha convertido en artista experimentado; la vejez, la madurez del arte reconocido, difundido a los cuatro vientos, en la que el artista se va diluyendo y su obra es lo que queda sin que nadie reconozca todo el valor de quien la hizo, sino su valor en sí misma, en conexión con toda la realidad de lo mejor.

Nuestra aportación, insustituible

En realidad, nadie es sustituible, solo su función. El marxismo enseñaba que las personas valen solo por lo que producen, por la función que ejercen. No importa quién sea el portero que nos abre una puerta, sino que la puerta esté abierta al pasar nosotros. Como agentes de una acción y una función, todos somos sustituibles, pero, como personas, ninguna persona abre la misma puerta de la misma forma que otra.

Por eso, ningún maestro, maestra, docente, educador, ni ningún padre o madre, debería perderse lo que solo cada niño o niña es capaz de dar a sí mismo en cada cosa que hace, piensa y siente. Solo como él o ella puede, sabe y hace. Como él o ella es.

De ahí que necesitemos estar más abiertos a todo lo que los demás son, diferentes a nosotros, valiosos, geniales. Sin confundir por mediocridad, egoísmo, prisa o desatención lo que solo ellos y ellas pueden aportar a nuestra necesidad de cada persona con la que se cruza nuestra vida.

Todos somos pianos. Mejores que algunos y peores que otros, si se nos compara; pero nadie es comparable en verdad, porque todos somos capaces de un sonido genial, emocionante, único: depende de quién nos toque.

Todos los niños y niñas son geniales, porque son personas

El niño o niña, o adolescente, con independencia de sus obras, de su forma de ser, de sus aciertos o sus errores, es persona y, por ello, tan digno como genial. No depende de que lo demuestre o no. Verse o no depende más de los ojos que aprendan o no a mirar a las personas como personas, pero ellas lo son por el mero hecho de serlo. Es un regalo —ser persona— que puede desperdiciarse, ignorarse, ocultarse, pero no desaparecer ni mutarse.

Su dignidad se origina en este hecho inmutable. No en el resultado que nos dé al resto, en su función, en su utilidad para algunos o para muchos, sino en que es persona. Ahí radican la libertad, los derechos, la igualdad. Todos son asimismo dignos por ser igualmente personas.

Por tanto, cada hijo o hija, cada alumno o alumna, cada persona, allá donde esté y como esté, haga lo que haga, tiene las características que tiene toda persona. Durante más de diez años las investigué, las he corregido hasta 2022 y las enseño en mis clases de la Universidad de Córdoba (en Orientación Educativa):

1. «Ser único,
2. compuesto,
3. pero uno solo,
4. un don,
5. racional y emocional,
6. con un cuerpo con espíritu y un espíritu con cuerpo,
7. con inteligencia humana,
8. voluntad,
9. libertad,
10. con capacidad de amar,
11. objeto de amor,
12. que es singular y sociable,
13. responsable,
14. dependiente,
15. fin, no medio,
16. digno (universal y permanentemente),
17. insustituible,
18. con capacidad de comunicarse,
19. de aumentar sus virtudes,
20. con capacidad de genialidad,
21. con sensibilidad,
22. abierto a la trascendencia de la realidad,
23. con consciencia y subconsciencia,
24. pasado, presente y futuro,
25. creado con elementos materiales e inmateriales,
26. capaz de producir y crear efectos materiales e inmateriales,
27. causante,
28. deudor,
29. con sentido profundo por descubrir y misión vital,
30. con capacidad de mejora y cambio,
31. de rectificar sus intenciones,
32. con tendencia a la unidad,
33. y a la felicidad,
34. con infinitud al trascender la propia vida para siempre,
35. que importa siempre a alguien».

Esto, todo esto es toda persona. Ser conscientes de ello eliminaría la baja autoestima, alimentaría la esperanza (esa que tanto sienten que necesitan los hijos e hijas de hoy, hipersensibles) y nos haría tratarnos todos y todas mejor, por la dignidad que tenemos y lo que somos, aunque no nos portemos en consonancia con ello. Todos, todas, tienen futuro; no hay espacio ninguno para la desesperación. Da igual lo que suceda y lo que se esté viviendo. Basta preguntar a quien sepa el remedio. Porque todo tiene remedio entre personas.

Una sugerencia concreta de las posibles
APLICACIONES A TU HIJO

Ante un error, un mal resultado, una desobediencia…, enfadarse, poner cara de emocionado, afectado, pero pensando uno a uno cada rasgo que evidencia que en ese instante es persona, y por eso callar, hasta estar menos emocionado, menos contrariado. Y confiar, esperanzado, porque es persona, siempre es persona.

5

LA GENIALIDAD ES SER COMO ES Y PREGUNTARLE «POR QUÉ»

La Real Academia Española de la Lengua, cuando define *genio*, nos da dos valiosas pistas:

> 1. m. Índole o condición según la cual obra alguien comúnmente.
> 3. m. Capacidad mental extraordinaria para crear o inventar cosas nuevas y admirables.

Advierte que se obra «comúnmente» y se generan cosas «nuevas y admirables». Por lo que la genialidad es una capacidad mental extraordinaria, pero no solo de algunas personas extraordinarias: es una capacidad extraordinaria de todo ser humano de crear algo (hacer algo nuevo) y ser admirable.

Todo ser humano es nuevo —antes nunca existió— y tiene la capacidad extraordinaria de ser admirable y de hacer también algo nuevo y admirable, por el mero hecho de ser humano, persona.

La realidad es importante, es nuestra aliada siempre: para enseñarnos el acierto o el error y para guiarnos bien. Ser como somos cada uno y una, diferentes, necesitados, dependientes y amados más de lo que descubrimos, tal y como somos ya. Sin necesidad de cambiar, ya somos un tesoro extraordinario, porque el mérito no está en lo que hacemos, bastante pobre en realidad a veces, sino en quienes somos: un regalo, bien hecho, equilibrado, valioso, único, esperado, amado y capaz de algo más grande.

Somos un único ser único, por descubrir y por mostrar.

La genialidad nos ayudará a mostrarnos como extraordinarios en la vida ordinaria y común que vivimos. Especialmente a mostrarnos ante aquellos que sentimos que incondicionalmente nos han amado antes de desvelarnos geniales.

La genialidad será la orilla salvadora en los naufragios o al menos tormentas que se avecinan a niños, adolescentes, jóvenes y adultos.

Necesitamos darnos y ser aceptados. Darnos como somos, sin necesidad angustiosa de cambiar para parecer más valiosos. Ya somos valiosos. Podemos mejorar, pero nuestro valor no está en nuestra mejora. Aunque debamos intentar mejorar, por amor a quien amamos y por respeto a aquellos con quien convivimos, no somos más valiosos si mejoramos. Nuestro valor, el de todo ser humano, no es cuestionable, aunque lo pongan en entredicho cada día quienes no actúan como geniales, sensibles ni seres humanos.

Un ser humano precisamente debería ser quien menos juzgara a otro ser humano, porque debería haber aprendido que nadie es igual y, por tanto, comparable; que nadie hace las cosas igual; por ende, que nadie es sustituible, y que nadie sabe realmente lo que sucede dentro de nadie, ni con la misma experiencia que vivió, consciente y subconscientemente. Por lo que nadie puede juzgar a nadie.

La genialidad nos simplifica, elimina prejuicios y facilita la mejor vida entre todos.

Somos mucho y poco, según con qué se compare. Pero somos un algo único, uno, valioso.

Irrepetibles y como naranjas

Somos únicos, pero lo que somos solo nosotros. Indivisibles en la realidad. Somos una naranja; con muchos gajos, de acuerdo, pero solo una naranja, con un cuerpo común que, por su única cáscara, mantiene unidos los gajos, diferentes a los de cualquier otra naranja, protegidos e inseparables mientras sea una naranja.

Somos un uno complejo, libre pese a las influencias fuertes y débiles. Un uno que decide con todo lo que tiene y es, y al que lo que decide le repercute en todo. No hay una parte sola que se vea afectada en una decisión, sino que se afectan todas; por eso, ha de decirse como un todo, no solo como si fuera una parte.

Así, el gusto, la apetencia, el tacto, la vista, el corazón, la cabeza, el sexo, la ilusión, la satisfacción de la victoria, la decepción, el orden, la ilusión… son gajos de una sola naranja, irrepetible.

Los gajos por sí solos no son una naranja.

Cada parte de lo que somos no es una persona, sino todo junto. La unión es la que nos salva y nos equilibra.

Si nos dañan, solo siendo uno, tendremos reservas y motivos para impedir hundirnos en un mar sin costa.

Como un diamante tallado al vivir, que no se ha roto

Todos los hijos e hijas, estén donde estén y como estén, son diamantes. Desiguales cada uno entre sí, pero todos diamantes. Tallados desigualmente por su propia vida. Tratado alguno con mayor delicadeza por la vida y, por tanto, con menor tallado, más bruto el diamante. O tratado con mayor fuerza y, por tanto, mayor y mejor tallado: más hermoso. Si no se ha roto.

La genialidad de vivir es descubrirlo, limpiarlo, conservarlo.

La genialidad es cada brillo que desprende, cada chispa de su hermosura.

La genialidad es dejarse tallar, embelleciéndose, sin romperse en pedazos, sin desgajarse, sin dividirse. Siendo uno, hermoso, más bruto o más tallado, pero uno, conservado uno.

La genialidad es moverse por todo lo que somos, con agilidad y según la necesidad. Sin romperse.

No hay dos personas ni genialidades iguales. De ahí que a menudo no entendamos la forma de decidir de alguien. No estamos en su pellejo ni en sus entrañas, en su exterior ni en su interior. Cada ser humano es un mundo inexplorado del todo, incluso para el sujeto que lo habita. Un diamante único.

Entender algo no es tan esencial. Lo importante es dar por hecho que cada persona, cuando da una respuesta, sigue un camino humano, el suyo: su propio tallado.

A veces escoge un camino complicado, a veces disparatado o inédito... Por eso, cuando un ser humano no entienda o no le parezca acertada una acción de otro, la pregunta más sabia que puede hacerle, para conocer de verdad el hecho realizado, es «por qué». ¿Por qué esa acción?, ¿por qué esa respuesta? Nunca juzgar.

No poner en entredicho los golpes del tallado de un diamante. Por sí solos, aislados, incomprensibles. Incluso, se diría, que negativos. Pero nadie que vea el resultado final los juzgaría perjudiciales. Así son también todos los golpes de la vida: el tallado de cada diamante, que solo ha de permanecer unido, sin romperse.

Si se es padre, madre o docente, es preciso aprender a no sacar conclusiones nunca sin haber preguntado antes o tras observar sin preguntar, y solo después entender o no, sin evaluar.

La posición y combinaciones de aspectos tenidos en cuenta por cada ser humano son tan variables que no se puede conocer el proceso que se ha seguido si no se pregunta. Por muy listo que uno se crea, porque no es igual de listo que el otro. Nuestro punto de vista no es la rúbrica para contrastar lo que viven otros.

Por eso guardaba gran razón la enseñanza que mi padre me transmitió en mi adolescencia:

> «Nunca puedes opinar antes de escuchar a todas las partes sus porqués, y después, tampoco puedes juzgar, porque los humanos son irrepetibles y nadie sabe del todo lo ocurrido dentro de un ser humano».

Es la única forma de ser justos: proteger la libertad siempre, incluso de quien no entiendes.

Una sugerencia concreta de las posibles
APLICACIONES A TU HIJO

Preguntarle por qué antes de reaccionar con gestos no verbales incluso. Imagínatelo con esta camiseta siempre que haga algo que no te parezca lo acertado.

6

LA INTELIGENCIA ES UNA SOLA, AUNQUE MUY RICA: NO ES MÚLTIPLE

En el año 2013 me dijeron, y acertaban:

> «No debes poner en duda la teoría de las inteligencias múltiples, no puedes dedicarle un capítulo entero en tu libro, acaban de darle a su creador el Premio Príncipe de Asturias y todos la dan como un hecho, no una teoría. Como mucho, dedícale un epígrafe. Nadie te seguirá en esto. Aún no. Perjudicará la credibilidad de todo lo demás que dices en el libro. Elimínalo o redúcelo a un epígrafe».

En aquel libro se redujo aquella vieja intuición a un epígrafe: «La inteligencia única».

Es verdad que la teoría enunciada por el célebre psicólogo Howard Gardner abrió una caja de pandora que convenía abrir: cada uno y una tenemos una diversidad y unas habilidades más desarrolladas que otras, una personalidad, un temperamento, carácter, una educación, experiencia, que nos hacen más diestros en algunos procesos mentales que en otros y marcan nuestra forma de actuar, percibir, sentir; que afectan incluso a nuestra forma de ser. También, que hemos de aprovechar nuestra habilidad en algo para compensar nuestra falta de destreza en lo demás, pero, en realidad, porque somos uno.

La teoría de las inteligencias múltiples ha colaborado decisivamente a respetar diferentes formas de interpretar las habilidades y la realidad de la diversidad. Esto se lo debemos a muchos otros y, en parte, también a Gardner. Pero su teoría no debe confundirnos más allá de esto.

Cuando surgió —en 1983— la teoría de las inteligencias múltiples, según el propio creador de la teoría, no tuvo buena acogida entre colegas psicólogos ni en médicos neurólogos («Mi teoría gustó a unos cuantos psicólogos, desagradó a unos pocos más y la mayoría la ignoró»[1]) y se abandonó hasta ser rescatada, significativamente, por el ámbito educativo escolar, sobre todo a partir de la década de los noventa, coincidiendo con la publicación de la *Inteligencia emocional* de Daniel Goleman. La teoría le dio vida al mundo educativo, admirado por cualquier estudio de psicología y aplicación de la psicología, que empezaba a hacerse con terrenos como el de la neurología o la propia educación en un siglo («el siglo del cerebro», se llamó en EE. UU. debido a las cuantísimas inversiones con fines militares que se destinaron durante la Guerra Fría y el esplendor del espionaje y estudio psicológico del enemigo oculto) donde los adelantos sobre el conocimiento cerebral y todo lo que comenzara por el prefijo *neuro-* eran dignos de interés.

Respecto a este interés que mostraron algunos educadores primero y algunos docentes después por la teoría de Gardner, cuando parecía que ningún interés había logrado, su propio formulador escribió: «Existía otro público con un auténtico interés por mis ideas: el público de los profesionales de la educación».[2]

Un ámbito, el educativo, que, buscando nuevos modelos que seguir —agotados ya los anteriores, que a grandes rasgos aún imperan hoy—, a partir de los años ochenta y noventa, además, se vio atraído por el estructuralismo, el análisis, la psicología, la psicometría y la compartimentación de todo lo analizable, perdiendo la visión de conjunto hasta nuestros días.

La posible aplicación a la escuela —mucho habría que decir de ella—, según los educadores escolares, salvó la teoría de Gardner, que no iba dirigida principalmente para el ámbito escolar. Lo que tiene mucho que ver con el carácter y disciplina de Gardner como investigador científico y su enfoque psicológico primordial, más que educativo. Según él escribió:

1 Citado en Macías, M. A. (agosto-diciembre de 2002). Las múltiples inteligencias. *Psicología desde el Caribe* (10), pp. 27-38. http://redalyc.org/articulo.oa?id=21301003.

2 *Ibid.*, p. 30.

«Pensaba sobre todo en una contribución a mi propia disciplina de la Psicología del desarrollo, de manera general, a las ciencias cognitivas y conductuales. Deseaba ampliar las nociones de inteligencia hasta incluir no solo los resultados de las pruebas escritas, sino también los descubrimientos acerca del cerebro y de la sensibilidad a las diversas culturas humanas. Aunque analicé las implicaciones educativas de la teoría en los capítulos finales del libro, mi enfoque no se dirigía al salón de clases (Gardner, 1994)», citado por Macías, 2002, p. 30.

Gardner defendía en su teoría que no hay una inteligencia, sino que eran siete, al principio (musical, cinético-corporal, lógico-matemática, lingüística, espacial, interpersonal, intrapersonal), luego ocho (añadiendo a las anteriores la naturalística) y actualmente, defienden Gardner y su equipo, doce:

— Lingüístico-verbal: Capacidad de dominar el lenguaje.
— Lógico-matemática: Capacidad de conceptualizar las relaciones lógicas entre las acciones o los símbolos.
— Visual-espacial: Capacidad de reconocer objetos y hacerse una idea de sus características.
— Musical-auditiva: Capacidad para reconocer los caracteres del sonido.
— Corporal-kinestésica: Capacidad para coordinar movimientos corporales.
— Interpersonal: Capacidad de sentir empatía y de entender la elección de las amistades, pareja, etc.
— Intrapersonal: Habilidad de conocerse a uno mismo; por ejemplo, sus sentimientos o pensamientos, etc.
— Naturalista: Sensibilidad que muestran algunas personas hacia el mundo natural.
— Emocional: Mezcla entre la interpersonal y la intrapersonal.
— Existencial: Meditación de la existencia. Incluye el sentido de la vida y la muerte.
— Creativa: Consiste en innovar y crear cosas nuevas.
— Colaborativa: Capacidad de elegir la mejor opción para alcanzar una meta trabajando en equipo.

Las universidades de hoy se han hecho eco en todo el mundo de este planteamiento y, recogiendo la propia explicación de Gardner, por ejemplo, la UNADE (Universidad Americana de Europa) publicó el 1 de diciembre de 2020, aún visible en su web:

> «La teoría de las inteligencias múltiples es un *modelo de entendimiento de la mente*. Fue publicada por su autor Howard Gardner en 1983. Este modelo presentaba la inteligencia como un conjunto de *capacidades autónomas interrelacionadas*».

Un modelo, es decir —según la RAE—, un «esquema teórico, generalmente en forma matemática, de un sistema o de una realidad compleja, como la evolución económica de un país, que se elabora para facilitar su comprensión y el estudio de su comportamiento» (definición 4).

Un «modelo», no la descripción de la realidad, sino un esquema que pueda facilitar su comprensión.

Capacidades «autónomas», «independientes» escribirá Gardner: «También hemos determinado que estas múltiples aptitudes humanas, las inteligencias, son independientes, en un grado significativo».[3]

Pero en la realidad no existe esa independencia. Ni siquiera en el concepto, mucho menos en la realidad neuronal.

No en concepto porque, cuando Gardner dice que existe una inteligencia lógico-matemática diferente de la lingüística, parece ignorar los estudios que desde la filología y la lingüística como disciplina científica se pueden argumentar respecto al componente de uso lógico en la expresión lingüística: tanto emisión como recepción y en el lenguaje en general, verbal y no verbal, también lógico.

No en concepto, tampoco, cuando distingue la lógico-matemática de la musical, hoy que conocemos mejor toda la relación existente entre lógica, matemáticas, música, ritmo y sonido.

Ni en concepto tampoco cuando distingue la supuesta inteligencia corporal-kinésica de la lógica y de la espacial. A poco que se sepa de comunicación no verbal y de la relación del cuerpo con el lenguaje, mediante la proxémica y la paralingüística, además de

3 Gardner, H. (2006). *Inteligencias múltiples*. La teoría en la práctica. Paidós, p. 10.

la kinésica. Gardner defiende la independencia de lo lingüístico-verbal respecto de lo corporal-kinésico, dos inteligencias independientes según el psicólogo norteamericano.

Ni en cuanto al concepto tampoco resultan independientes las relaciones interpersonales de las intrapersonales, puesto que el concepto de uno mismo y nuestra relación con nosotros mismos a través de ese concepto se forman mediante el concepto que creemos que los demás tienen de nosotros y que, por ello, creamos que es. El carácter sociable de todo ser humano y lo que nos influye a nosotros mismos la relación que mantenemos con los demás son inseparables de nuestro propio pensar, sentir y obrar, consciente y subconscientemente. Sin determinismo, pero sin independencia real.

Ni en concepto tampoco, una vez más, son separables la emocional de todas las demás. Sin emoción no se piensa, no se siente y no se actúa. Simplemente, lo emocional lo abarca todo involuntariamente.

Ni lo existencial es separable del resto del vivir.

Ni lo creativo es distinto a lo matemático, el lenguaje, la música como dijimos, ni son diferentes entre sí, solo para ser objeto con método parcial de estudio: analítico. El lenguaje de la realidad es conjunto, global, se da al tiempo: la operación y acción matemática es inseparable de la acción del arte, de la medicina, de la creación, del lenguaje, de la disposición y comprensión del espacio... Porque son cualidades todas que se dan a la vez en un ser humano que obra siempre en un solo momento. Solo distinguibles desde el punto de vista teórico, ni práctico ni real.

Ni la naturalista se da separada de la emocional. Ni tampoco la colaborativa. La propia emocional dice Gardner que es una mezcla de dos: la interpersonal e intrapersonal.

Ni muchas más relaciones que el americano defiende como inseparables en grado significativo, porque lo que presenta no es la descripción del funcionamiento de la inteligencia humana, sino un sistema. Se acerque o no, la teoría de las inteligencias múltiples no describe la realidad; las supuestas inteligencias gardnerianas no dejan de ser habilidades y capacidades de todo ser humano, con unas destrezas más desarrolladas que otras, algunas casi nada si se quiere, pero que pueden equilibrarse gracias a que la inteligencia, en realidad, solo es una con muchas capacidades diferentes, absolutamente dependientes.

No son separables en el concepto siquiera, mucho menos en la realidad de cada una de ellas al llevarlas a la práctica.

No es exacto cuando Gardner escribe en su libro antes citado: «La teoría de las múltiples inteligencias se ha desarrollado como un enfoque de la cognición humana que puede someterse a contrastes de tipo empírico» (p. 11). No se puede demostrar empíricamente la independencia de estas cualidades, habilidades, capacidades, como para considerarlas inteligencias independientes, sino partes con expresiones diferentes (no su esencia) de un todo único inteligente al que llamamos inteligencia.

Muchas más objeciones se le han puesto a Gardner. Por ejemplo, a aquello en lo que decía que un niño al que le resulta fácil aprender a multiplicar puede ser menos inteligente que otro al que le cueste concretar esta operación. La psicometría demuestra que hay una correlación significativa y alta entre el fácil aprendizaje de esta tarea y el cociente intelectual.

La hipótesis de Gardner, que tanta difusión tuvo por algunos educadores, ya ha sido extensamente rebatida por la psicología científica, debido a la escasez de evidencias que permite. Así, como muestra, lo investigó, argumentó de modo científico y atestiguó en 2006 Lynn Waterhouse.[4]

La mayoría de los psicólogos, neurólogos, filósofos y educadores que ponen sobre la mesa errores científicos de esta teoría de Gardner se centran en que parece que el psicólogo norteamericano solo busca negar la noción de inteligencia convencional, más que acertar con una descripción fundamentada científica y conceptualmente. Gardner sustituye simplemente lo que hasta entonces se conocía como habilidad o aptitud y lo llama *inteligencia*, pero no aporta más. Aunque algún buen educador haya sacado mucho bien de una teoría errónea.

Los estudios de psicólogos tan reconocidos por sus investigaciones científicas como Steinberg, Scarr, Murray, Herrstein o Eysenck demuestran en sus investigaciones empíricas lo contrario

4 Waterhouse, L. (2006). Multiple intelligences, the Mozart effect, and emotional intelligence: a critical review. *Educational Psychologist*, 41(4), pp. 207-225.

de lo que defiende Gardner. White argumenta que la detección de unas u otras categorías que establece esta teoría (inteligencias, según Howard) es arbitraria, no obedece a un criterio científico, observable ni demostrable con investigaciones científicas.

Y Klein[5 6] explica cómo las definiciones de cada inteligencia de Gardner son en realidad tautológicas («enunciados que, con otras palabras, repiten lo mismo que ya se ha dicho, sin aportar nueva información»[7]). Es decir, es un argumento falso, falaz, vacío. Así, por ejemplo, tener una buena inteligencia musical es explicado por ser bueno en música, al mismo tiempo que ser bueno en música es explicado por tener una buena inteligencia musical. Son argumentos que parecen válidos a primera vista, pero no lo son. Es como decir: «se es lo que se es», pero no se dice en realidad lo que se es.

Muchos artículos se han escrito en periódicos y revistas científicas de todo el mundo con las críticas desfavorables de numerosos y prestigiosos expertos (en psicología, neurología-medicina, filosofía, pedagogía y educación) a esta teoría de los años ochenta, que triunfó incluso a inicios del siglo XXI, por algunas escuelas que la dieron como cierta y la difundieron, haciendo lo que hacen muchos buenos docentes: sacar oro de cualquier mina.

Al principio, de hecho, Gardner definía la inteligencia como una habilidad de resolución de problemas. Y él mismo escribió, ante las críticas de no ser una teoría que se sustente científicamente:

> «Hay que admitir que la elección o rechazo de candidatos en cada una de las múltiples inteligencias es un juicio mayoritariamente artístico y no científico».[8]

---

5 Klein, P. (1997). Multiplying the problems of intelligence by eight: A critique of Gardner's theory. *Canadian Journal of Education, 22* (4), pp. 377-394; 1997. Klein, Perry D (1998). «A Response to Howard Gardner: Falsifiability, Empirical Evidence, and Pedagogical Usefulness in Educational Psychologies». *Canadian Journal of Education*, 23(1), pp. 103-112.

6 Klein, P. (1998). A Response to Howard Gardner: Falsifiability, Empirical Evidence, and Pedagogical Usefulness in Educational Psychologies. *Canadian Journal of Education*, 23(1), pp. 103-112.

7 Real Academia Española. (2020). *Diccionario de la lengua española*. Definición 2.

8 Gardner, H. (1983). *Frames of mind: the theory of multiple intelligences*. Basic Books.

También reconoció que no había experimentos que respaldaran su teoría.[9] Ni siquiera se han podido llevar a cabo en los cuarenta años que lleva emitida la teoría, y resulta que hoy en día no hay demostración empírica de la teoría de 1983 mediante investigación científica, ni siquiera después de las cuatro décadas que han pasado.

Se trata, pues, solo de una teoría que, desautorizada desde la ciencia psicológica, médica y educativa, apenas fue puesta en marcha por escuelas, a las que ha debido su difusión; entre ellas, las escuelas Waldorf, a las que siguieron muchos.

Según Eberstadt (1999), el propio Gardner llegó a manifestar su preocupación por el hecho de que las escuelas estuvieran llevando su teoría al aula.[10]

9 Gardner, H. (1993). *Multiple intelligences: the theory in practice*. p. 33. Basic Books.

10 Eberstadt, M. (1999). The schools they deserve. Howard Gardner and the remaking of elite education. *Policy Review*, p. 154.

La teoría de las inteligencias múltiples ha sido consecuencia y causa a la vez, en una segunda fase, de la supremacía que ha adquirido un tipo de psicología, no científica, sobre la medicina, la filosofía y la educación. Quizás lo que ocurrió es que esta teoría vino a justificar a muchos y a intentar compensar de algún modo los muchos errores educativos que se estaban cometiendo, evidentes ya en los años ochenta. Y se difundió y acogió con más gusto del que merecía.

La realidad sobre la inteligencia, el cerebro, el cuerpo y el espíritu que contiene y con el que coopera es muy diferente a la que propuso Gardner con su descomposición. Ahora necesitamos recuperar la visión global, unida, de lo que somos; la coherencia de lo que vivimos, pensamos, sentimos y obramos.

El cerebro humano en realidad es solo uno, que se mueve tan veloz e imperceptible sobre todas sus áreas que ningún ser humano ni máquina creada por él puede captar la actividad cerebral, mucho mayor que la que una primitiva y lenta imagen pueda captar de las áreas que más se activan, como hace actualmente la neurología, no exactamente de todas las que se activan en realidad y mucho menos de cómo lo hace. De igual modo que observando el fragmento de una sombra en el suelo no puede apreciarse la realidad que la proyecta.

El cerebro humano es una maravilla desconocida, siempre por conocer, en su funcionamiento práctico, que abarca mucho más que las conexiones neuronales eléctricas y químicas y la parte observable de sus productos.

Ahora que admitimos la grandeza imperceptible de la física cuántica de una mesa o la luz y la ignorancia que se nos manifiesta sobre cómo esta efectúa sus cambios, no ha de extrañarnos que el cerebro sea con mayor razón imperceptible, veloz y uno.

El cerebro es una maravilla desconocida aún para el ser humano, que lo emplea torpemente, como puede y como va, poco a poco, aprendiendo o desaprendiendo, según hacia donde vaya; pero unido, afectando cada área a todas las demás, componiendo una acción de un solo cerebro, en un solo cuerpo de un solo ser humano.

La vida es una realidad compuesta que hay que vivir sin descomponer.

Ningún niño o niña lograría la unidad de la felicidad en todo lo diferente pero dependiente que vive si no aprende a vivir componiendo su cerebro, su inteligencia, su ser persona y lo que es.

Una sugerencia concreta de las posibles
APLICACIONES A TU HIJO

Tu hijo es siempre lo suficientemente inteligente, por ser humano, como para aprender —salvo enfermedad que lo impida— muchas más de las cosas que sabe. No es verdad que se le dan mal las matemáticas o dibujar, sino que nunca aprendió bien matemáticas ni a dibujar.

Trátalo por ello como si se le diera bien y aun no hubiera encontrado quien le enseñara muchas cosas, ni él o ella interés por aprenderlas. Que es ser inteligente es un hecho irrefutable. Más de lo que parece, también es seguro siempre. Le pasa a todo ser humano, incluso a los muy listos.

Si se le da mal algo es porque no tuvo buena experiencia cuando empezó a aprender o porque no aprendió porque no tuvo quien supiera enseñarle a él o ella tal y como es.

En conclusión, nunca trates a tu hijo o hija como si fuera torpe. No tiene que hacer todo bien. Ni siquiera lo que podría aprender a hacer bien, si no quiere. Su valor no está en servir para mucho (pintar, hacer deporte, saber idiomas...), sino en ser feliz haciendo lo que haga y, con ello, hacer felices a muchos.

Revisemos las actividades extraescolares: cualquier rato con un padre, madre o hermano, en su casa, vale más que cien horas de destrezas, que le asegurarán una vida ocupada pero no más feliz; sobre todo si le hacen perder lo mejor de su infancia o adolescencia.

7

SIGLO XX VS. SIGLO XXI

Supusieron en el siglo XX un adelanto indiscutible las numerosas investigaciones sobre el cerebro y su funcionamiento. Entre ellas, las del neurólogo portugués Damasio y su explicación de la unión de sensaciones, emociones y sentimientos, cuerpo y espíritu, pensamiento y reacción emocional visible y sentimientos invisibles.

El siglo XX, al cabo, fue —como dijimos— el llamado en EE. UU. «el siglo del cerebro»: lo fue el de su análisis.

Pero el siglo XXI ha de ser «el de la unión», el de la síntesis del cerebro, si queremos alejarnos del precipicio que bordeamos culturalmente, el que nos ha llevado al aumento vertiginoso de la depresión y el suicidio, creciente desde niños de nueve años, cuando empieza hoy la adolescencia.

El siglo XXI ha de ser el siglo de la humanidad, de la unión de todo lo que somos, o simplemente no será, porque nos desintegraremos en análisis, clasificaciones, descomposición, desunión, destrucción e inoperancia.

Nos han acostumbrado a imaginarnos mal el cerebro. Así:

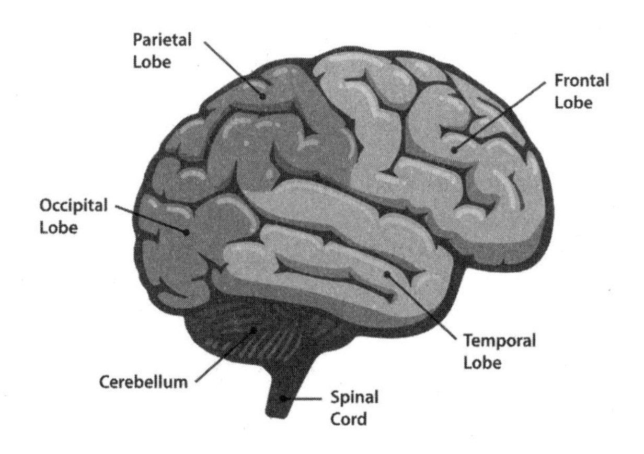

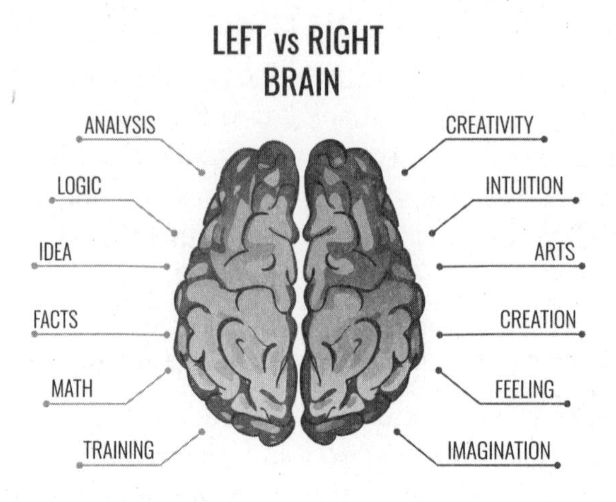

Estas imágenes son propias —la primera— de la neurología médica y —la segunda— de la neuropsicología. Ambas siguen el método analítico, separador forzado de cada parte, para poder analizarlas por separado, pero, científica y funcionalmente, esto no es real. Así me lo enseñó en la teoría y en la práctica mi padre, pediatra, psiquiatra, doctor desde que en 1954 publicó su tesis sobre la conexión del hemisferio cerebral derecho e izquierdo.

Él me enseñó que la realidad científica era otra y se escapa al análisis con los materiales y capacidades del ser humano. Me enseñó que son más realistas, para entender el cerebro, analogías como estas:

— El cerebro mezcla, une:

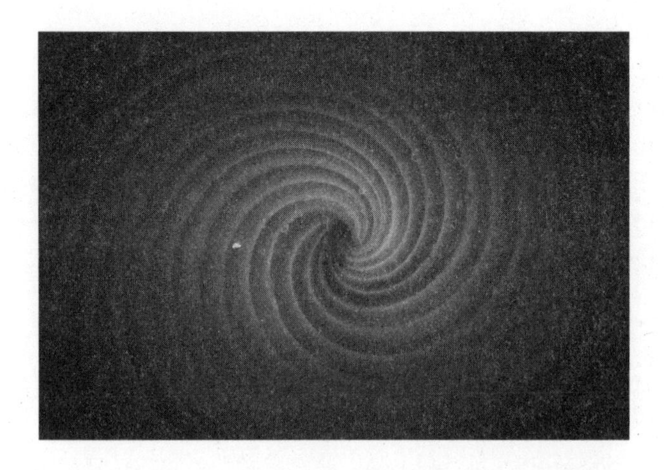

Son como dos colores, el hemisferio cerebral izquierdo y el derecho, pero no juntos, sino mezclados por el cuerpo calloso que los une por abajo. De manera que esta fotografía representa más fielmente lo que ocurre realmente en un cerebro, que no deja de remover ambos colores y de lograr formas inéditas en cada giro, nuevas y admirables. El cerebro une lo diferente en un solo producto único.

— El cerebro es uno completo y actúa en un solo conjunto multioperativo:

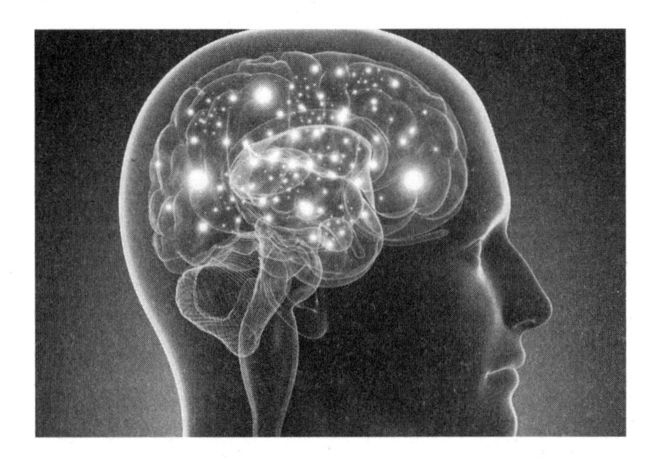

Todo el cerebro entra en juego, en un baile, pero unas áreas tienen más protagonismo que otras en un *ballet* grupal donde la libertad presente dirige innumerables bailarinas con inapreciables gestos, desde un punto de vista consciente, y la libertad pasada, la que se ejecutó en lo que se vivió en el pasado, dirige subconscientemente otro grupo de bailarinas y bailarines del cuerpo de baile, y se suman siempre en cada función otros bailarines espontáneos que lo hacen muy bien y tienen su propia dirección, ajena a la persona administradora de cada cerebro. El cerebro es un espectáculo magnífico que actúa con un solo cuerpo de baile, un conjunto armónico, cada uno en su sitio, distinto.

— No deja de generar ondas, aunque parezcan minúsculas: todo lo que se vive:

Una sola operación cerebral genera muchas otras: innumerables e imprevistas.

— El cerebro es tan veloz que no es apreciable por ninguna máquina humana y nunca lo será:

Conecta áreas y produce elementos a una velocidad inapreciable para el ser humano, de modo consciente e incluso subconsciente algunos.

— Lo que somos conscientes de que percibe nuestro cerebro (es decir, todo lo que somos conscientes de que perciben nuestros sentidos; lo que sabemos, atesoramos, vivimos y con todo ello queremos) es mucho menos que lo que conforma la despensa de nuestro subconsciente y guarda de verdad lo que somos. Nos ocurre a todos: a nuestros hijos de dos meses también; mucho más a los de diecinueve años o a los de treinta y cuatro:

Nuestro consciente, sobre la superficie, solo es la menor parte de lo que somos, con nuestro subconsciente bajo ella.

— El cerebro madura y es capaz de lo mejor al aprender bien:

La inteligencia crece: no es el cociente intelectual, que no crece y solo es la capacidad de aprender, no lo que se sabe, que es lo importante.

— El cerebro necesita aprender y formarse bien, porque también sufre efectos ópticos: también se equivoca al interpretar como torcidas muchas cosas que no lo están y al revés:

O que se mueve lo estático y que está estático lo que se mueve en verdad:

Formarse asegura el contraste que necesita todo cerebro activo, sobre todo, para saber cómo actuar ante lo que no se está moviendo aunque parezca que se mueve.

— El cerebro exige entender cuál es la cara de la realidad, y a menudo miramos por el lado equivocado de las cosas los acontecimientos y la vida entera:

Los tapices más perfectos, si se miran por el revés, parecen un error, incomprensibles, hechos por alguien que no sabe lo que hace, absurdos, carentes de sentido; pero, si les damos la vuelta y los vemos por su lado correcto, la realidad es bella, compensada, exacta: una unidad perfecta compuesta por miles de hilos diferentes unidos para siempre en una obra de arte que es la vida real, si la miramos por el lado correcto.

— Tiene dos posiciones para mirarlo, desde el hemisferio cerebral derecho y desde el izquierdo. Por lo que se hace preciso dar tiempo a los dos para ver algo en toda su verdad:

El hemisferio izquierdo nos hace ver al chico de frente. El hemisferio derecho, el perfil. Pero los dos están y al mismo tiempo.

— El cerebro es una parte del ser humano, una orquesta completa que ejecuta en equipo, tras haber ensayado en sueños o en casa en privado:

Como describí analógicamente de modo más extenso en el libro *Cómo entrenar a su dragón interior*, cada vida es una orquesta. La libertad es la batuta. El director o la directora, cada ser humano; con la batuta acompasa, corrige, avisa, prepara, manda, organiza. No es solo una cuestión de elecciones, de posibilidades de movimiento: eso es solo superficial. Es una cuestión de armonía, de arte, de ética —por eso, en la Antigüedad llamaban a la ética «el arte de vivir»—, de liderazgo, de responsabilidad, de riesgo, de acierto, de energía, de lealtad con la partitura que se desea interpretar y de equilibrio.

El escalón donde se sube el director o directora para que todos lo vean son sus reflejos, sus instintos, sus aptitudes, sus impulsos y sus sensaciones. Cada componente de la orquesta es una fracción de la voluntad. Una pequeña parte, esencial para el resultado final. Los músicos, juntos, tocan la única partitura hecha de notas. Cada músico es el encargado de llevar a término cada acto voluntario que dirige la vida ordenada a través de la libertad —la batuta—, donde cada ser humano, el director o directora, indica lo que quiere que salga de sonido, que, si sabe dirigir la vida, es también lo que sale.

En aquel libro, ya citado, describí más similitudes aún: la posición corporal es su inteligencia emocional y el espíritu que no se ve; la fuerza con la que se golpea el instrumento y la intensidad son las cuarenta y una emociones. Las secciones de la orquesta (cuerda, viento...) son los diecinueve sentimientos (conjunto de emociones cada uno de ellos). La sinfonía que se toca es la razón de ser de la orquesta, la vida de cada ser humano: la sinfonía irrepetible de cada vida.

El ser humano es uno, bueno, bello en sí, con una verdad por descubrir libremente cada uno y una, sin extorsiones. Solo siendo únicos, singulares y unos completos —cada uno y una quien es— seremos compatibles y podremos llevarnos bien, respetarnos incluso los que no sentimos afinidad. Todos somos compañeros de un planeta, de un mundo que no elegimos y podemos mejorar. Compañeros es un hecho (compañeros de juego, de escuela, de trabajo, de mundo).

Aprender a ser buen compañero es aprender a convivir con los distintos, únicos, dignos, estimables en lo sustancial aunque repelentes en lo superficial. Sobre el compañerismo está la afinidad que se siente solo con algunos o algunas. No es necesaria para llevarse bien, respetuosamente; para eso basta el compañerismo. La amistad sería un paso más allá de la afinidad, y luego, el amor. Así lo expliqué en *Cómo entrenar a su dragón interior.* Pero con el compañerismo se aseguraría la buena convivencia y la protección de esta.

Aunque, para que el compañerismo y la afinidad se den, es preciso no descomponernos. Cada ser humano somos una composición, creada no por nosotros mismos ni por otro ser humano, y, por eso, no conviene descomponerse en la realidad.

Salimos construidos del seno de nuestra madre, sin la dirección ni siquiera de ella, y no podemos deconstruirnos. No en la realidad que se vive. Solo sobre un papel —teóricamente— en lo que todo se puede analizar, como cada centímetro de nuestro organismo, pero, como todo nuestro organismo, en realidad, funciona cuando está conectado y equilibrado entre sí y con todo lo que somos, fuimos y hasta seremos; imposible de analizar del todo en sentido absoluto. El ser humano no es del todo analizable: su libertad lo hace imprevisible, y su complejidad, desconocido e imposible de ser juzgado por nadie.

El siglo XXI es el siglo de las naranjas, no de los gajos.

El siglo XXI es el siglo de los árboles, grandes o pequeños —eso da igual—, conectados en un bosque gigante o algo apartados:

Pero nadie es un puñado de hojas sueltas, por brillantes que parezcan recién separadas del resto:

El necesario superar el siglo xx, «el del cerebro», aprender de él y establecer un siglo nuevo, «el del ser humano más humano y completo», no analizado, sino descubierto en su plenitud unida.

Una sugerencia concreta de las posibles
APLICACIONES A TU HIJO

Apelar a sus puntos fuertes cuando tenga el ánimo caído, cuando la experiencia le sobrevenga aplastantemente. Es una orquesta, toca seguir interpretando la vida con los instrumentos de viento, si los de madera ya terminaron de ejecutar su parte. No estamos nunca en un ensayo cuando estamos despiertos. Los instrumentos se solapan, no siempre hemos de estar todos perfectos. Van solapándose. Y el director o directora, nuestro hijo o hija, no tiene que estar perfecto. Los intérpretes de cada instrumento también tienen la experiencia del director, los mismos años exactamente, y, si hace falta, siguen tocando de memoria, como saben, si el director se despista.

No hay que valorar ni aplaudir en exceso aquello que se haga imperfectamente y se pueda hacer mejor, pero sí hay que reconocerlo en lo que vale: el hecho de que se haga, aun imperfectamente.

Nuestros hijos e hijas tienen toda la vida para afinar y ajustar su orquesta. Da igual la pieza, lo importante es la armonía, la emoción, la valentía de la propia ejecución, aunque no sea intachable; el equilibrio entre errores y rectificaciones.

Cada hijo, para ello, ha de elegir su propia partitura, aunque nosotros le hayamos enseñado con la nuestra y la de sus abuelos.

8

EL EJEMPLO DE UN FUTBOLISTA: LA GENIALIDAD DEPORTIVA TAMBIÉN DE ELLA

Hay futbolistas geniales. La realidad es que, si lo son en el fútbol, también podrían serlo fuera del campo de fútbol. Aunque muchos no lo sean.

La genialidad alimenta la inteligencia y la inteligencia es una, única, aplicable a todo lo que se es.

Las operaciones que se ejecutan en un deporte son intelectuales y parten del cerebro. Su imaginación, primero, mueve al cerebro a ordenar a los músculos moverse, y después, la experiencia y la repetición desarrollan la destreza finalmente.

Toda buena jugada, toda remontada, toda destreza parte del cerebro; los músculos adiestrados siguen al cerebro ágil.

Es cierto que hay quienes, por su dislexia o por su lateralidad cruzada (lo más común), o por enfermedad (lo menos frecuente), desde los cuatro años demuestran una psicomotricidad descoordinada, «torpe» puede creerse, que, si no se remedia antes de los seis o siete años, se fija como poca destreza deportiva, al correr o ejecutar ejercicios físicos. Pero no por falta de posibilidad realmente, salvo caso de enfermedad e imposibilidad causada por esta.

El caso es que un chico de catorce años, promesa deportiva en un equipo de la Primera División de fútbol español, delantero, que había metido cuatro goles en los últimos cinco partidos, nos preguntó en la consulta educativa, tras escuchar una charla:

—*¿Crees que ser más rápido jugando al fútbol y así marcar más goles se puede educar?*

Convencido de que el cerebro que opera matemáticas y el que calcula un centro venido del defensa para rematar de cabeza son el mismo y de que este está unido en todas sus áreas, le dije que estaba convencido y que podríamos hacer una prueba.

Hicimos una tabla de ejercicios que le permitieran adquirir más rapidez y agilidad a su cerebro a la hora de pensar, imaginar y luego ejecutar sus ideas. De eso se trataba. Él sabía ya jugar. Sabía lo que quería hacer: solo necesitaba de nosotros y de su cerebro que este lo ejecutara todo más rápido para sorprender al cerebro del defensa y al del portero.

Por su situación, había que trabajar a distancia y en secreto. Eran un chaval y una familia estupendos. Le daríamos la tabla y él la haría por su cuenta, con constancia, algunos en su casa y otros en el club al que pertenecía, sobre el césped, sin que nadie lo advirtiera. Pronosticamos efectos a partir de los cinco meses.

La tabla la conformaban ejercicios seleccionados por nosotros, en función de cinco ámbitos diferentes, que debía hacer en orden.

El experimento consistía en demostrar si nosotros (desde otra ciudad y sabiendo jugar al fútbol peor que él —que acabará siendo profesional con seguridad—) podríamos ayudarle a mejorar como delantero, algo no solo físico, mediante ejercicios que hicieran más ágil a su cerebro.

Si funcionaba, lo podríamos aplicar para cualquier otra actividad, no solo la del fútbol, sino también a otras no deportivas. Haciendo más ágil su cerebro podríamos ayudar a muchos adolescentes a decidir mejor, más justamente o teniendo en cuenta más aspectos y su conveniencia, y ayudar así a ejecutivos en su trabajo o a madres y padres de familia, educadores, etc.

A nuestro joven futbolista le dimos un dosier de ejercicios. De aquellos, ponemos aquí algunos, a modo de ejemplo, para que cualquier chico o chica que quiera pueda adaptarlos a su circunstancia y necesidad y mejorar su rapidez, deportiva o no. Aunque podíamos decir —para darnos importancia, y ojalá tuviera efecto— que no ofrecemos aquí todos los ejercicios que le mandamos, para que algún equipo de fútbol que nos lea nos contrate para lo mismo que hemos hecho, clandestina y gratuitamente, con un jugador que sobresale ya en su equipo de la liga de fútbol española. En realidad, no los incluimos para no agotar al lector, que ese sí lo tenemos y es nuestro real objetivo. Creemos que es fácil trasladar los que incluimos a la circunstancia en la que cada uno se encuentre o, al menos, crear, siguiendo el modelo que presentan, unos ejercicios propios.

En todo caso, por si sirven —más allá de a aquel joven futbolista al que sí le sirvieron—, los enunciamos a continuación para todos. Como siempre, recomendamos —es importante— que se hagan solo los que gustan. Es un reto, no una contrariedad. Si se desea lograr el reto, entonces resuélvase. El cerebro debe afrontar cada ejercicio como una ocasión donde quedar bien y mejorar su funcionamiento, nada ha de demostrar a nadie. Se resuelvan o no los ejercicios, salgan bien o mal, hacerlos conlleva el resultado de mayor destreza y agilidad del cerebro. Se notará como aumenta la facilidad y disminuye la resistencia, conforme se avanza:

— Para mejorar la agilidad de pensamiento:

1. Un sudoku muy fácil, pero con tiempo muy limitado, e intentar batir en cada sudoku fácil su propio récord.
2. Igual, una sopa de letras sobre fútbol.
3. Una camiseta, pantalón, espinilleras y botas valen 110 euros, y las botas, 100 euros más que el resto junto. ¿Cuánto vale el resto que no son las botas?
4. Oralmente di: «AMOR es a ROMA lo que 56371 es a…».
5. ¿Qué grupo de tres elementos sigue a 4J5, 6I7, 8H9?
6. Si le das una patada a un balón y lo alejas 4 metros pero vuelve directamente a ti sin que nadie te lo devuelva, ¿cómo es posible que haya ocurrido?
7. Piensa en un número del 1 al 9; multiplícalo por 9. Si el número que te ha resultado tiene dos cifras, súmalas. Réstale 5. Ahora convierte el número en la letra que corresponda según el orden del abecedario (a=1, b=2, c=3…). Ahora

piensa en un país que empieza por esa letra. Y ahora en un animal que empiece por la segunda letra del país. Es curioso el resultado, porque no hay esos animales en ese país.

8. Conduces un autobús en el que se suben 19 personas; en la parada siguiente se bajan 5, pero suben 13. En la parada siguiente se bajan 21 y suben 4. ¿Cuántas personas quedan en el autobús?
9. Si un niño y una niña beben 500 cl de agua en una comida, ¿cuántos litros gastará un comedor con 126 niños o niñas?
10. ¿Qué consonante pasa a ser vocal con tal de darle la vuelta?
11. Asistes a dar la comida a cuatro perros en una perrera municipal y el *epagneul* bretón come más que el pastor belga; el pastor alemán come más que el pastor belga y menos que el dálmata, pero el dálmata come más que el *epagneul* bretón. ¿Cuál come menos?
12. ¿Qué permanece en el mismo lugar aunque va hacia arriba y hacia abajo?
13. Si 5 máquinas confeccionan 5 artículos en 5 minutos, ¿en cuánto tiempo harán 100 máquinas 100 artículos?
14. Pon un cronómetro a ver cuánto tardas en descubrir el número que falta. Anota el tiempo. Ahora vuelve a poner en marcha el cronómetro y descubre el que falta en el siguiente grupo. A ver si lo has logrado en menos tiempo.

   Primer grupo, para primera anotación de tiempo:

   2 1 3 5 4 7 6 8 9 12 11 10 14
   15 18 16 17 20 19 21 24 23 22
   25 26 27 28 30 29 31 32 34 33
   35 37 38 39 40 41 42 43 44 46
   45 47 48 49 50 51 52 55 54 53

   Segundo grupo, para intentar hacerlo en menos tiempo:

   55 57 56 58 60 59 61 64 63 62
   65 67 66 68 69 70 72 71 73 74
   76 75 77 78 79 80 82 81 83 84
   85 88 87 86 89 90 92 91 94 95
   93 96 99 98 100 103 101 102

Ahora en versión alfabética, el mismo ejercicio. 1.er grupo:

B a D C e f G H J K l M n O Ñ P q S R T U y V W x Z

2.º grupo, para intentar hacerlo en menos tiempo:

D c B E a F h G i J M K l n O Ñ P Q x S R U t W Z y

15. Y uno facilito: una viuda perdió su perro, su memoria, su bolso, su peine y el autobús cuando quería llegar hasta casa de su hija y no llegó. ¿Qué perdió primero?

(Resultados desde el tercer ejercicio: 5 euros; 17365; 10G11; la lanzaste hacia arriba; Dinamarca e iguana; 10 personas; 63 l; la n; el pastor belga; la escalera; 5 min.; el 36 y 97; su marido).

— Para su concentración, para verlas venir:

1. Cuenta de dos en dos de 143 a 156. Ahora cuenta de 170 a 127 de tres en tres.
2. Huele durante un minuto un limón.
3. Respira hondo cinco veces.
4. Mira por la ventana a un punto fijo sin separar de él la vista, aunque alrededor pasen más cosas y haya movimiento.
5. Escucha el silencio tres minutos seguidos.
6. Mira una pared tres minutos seguidos.
7. Mira un bolígrafo durante dos minutos.
8. Cuenta las es (*e*) que tiene un texto de tres líneas.
9. Deletrea un texto escrito de diez palabras.
10. Deletrea la palabra «inesperadamente», después «intranquilidad» y por último «transoceánica», sin verlas escritas.
11. Sal al campo de fútbol a jugar y cuenta las personas que llevan algo rojo en su vestimenta, entre el público o asistentes o personal con el que te cruces.
12. Cuando vayas en coche, si no conduces, cuenta los coches verdes con los que te encuentras.

13. Observa durante tres minutos cómo se mueven la luna o las nubes.
14. Ve una puesta de sol completa: desde que el sol aún no toca el horizonte hasta que desaparece por entero la esfera solar.
15. Mira una fotografía de una revista y enuncia veinticinco cosas diferentes que estás viendo en ella.
16. Mira un anuncio de publicidad en Internet o TV (de menos de un minuto, por tanto) y enuncia veinticinco cosas que han salido. Después di el número de personas (distintas) que han salido en él.
17. Mira otro anuncio, sabiendo de antemano que has de contar en él el número de planos diferentes en que se rodó (después, volver a verlo contándolos, para ver si se acertó o erró por poco o mucho).
18. En un tercer anuncio, sabiendo de antemano que has de hacerlo, describe los estados anímicos diferentes de las personas (repetidas o no) que salen.
19. En otro anuncio, sobre un automóvil, cuenta las veces que aparece la marca en el anuncio (contarlas posteriormente para ver si se acertó).
20. Juega al juego tradicional «Un limón, medio limón...» (puede consultarse en Internet).
21. Responde: ¿qué color surge si mezclas el rojo y el amarillo;
22. y si mezclas el verde con el azul;
23. y el negro con el blanco;
24. y el rojo con el verde;
25. el azul con el amarillo;
26. el amarillo con el marrón;
27. el verde con el naranja;
28. el negro con el amarillo;
29. el azul marino con el blanco;
30. el azul marino;
31. el rojo y el amarillo?
32. Huele tomillo, hierbabuena, albahaca, romero, y luego intenta distinguir y descubrir los dos que alguien mezcle y te ponga delante.
33. Bebe dos aguas diferentes e intentar distinguir cuál sabe más.

34. Toca dos cristales, uno más sucio que otro, e intenta decidir cuál está más limpio.
35. Huele dos comidas e intenta adivinar cuál es más salada.
36. Mira una foto con tres personas e intenta imaginártela con los colores de la ropa que tengan diferentes en cada persona.
37. Ahora, con una fotografía de cuatro personas.
38. Salta solo sobre un mismo pie ocho veces seguidas.
39. Calcula el peso, la longitud, la distancia o la cantidad a ojo de una distancia que luego puedas comprobar.
40. Busca las eses (*s*) de estos versos de Pablo Neruda:
«Puedo escribir los versos más tristes esta noche. / Escribir, por ejemplo: "La noche está estrellada, y tiritan, azules, los astros en el cielo lejos". / El viento de la noche gira en el cielo y canta. / Puedo escribir los versos más tristes esta noche. / Yo la quise, y a veces ella también me quiso».
41. ¿Qué día de la semana será el tercer día después de pasado mañana?
42. ¿Qué día es el anterior a dentro justo de una semana y media?
43. ¿Qué día fue once días antes de hace justo hoy cinco días?
44. ¿Qué día es el siguiente inmediatamente al día después de dentro de cuatro días?
45. Cuenta las ces (*c*) de la oración «Había cuatro canarios con un halcón en una misma jaula con la puerta abierta y ningún quiso salir, aunque eran libres».
46. Memorizar el número de teléfono de un familiar. Decirlo al derecho y al revés después. Y, tras saberlo, decirlo saltando un número sí, otro no, al derecho. Ídem. al revés.
47. Deletrea al revés las palabras *abanico, advertencia* y *murciélago.*
48. ¿Qué mes viene antes de dos meses previos al día de Navidad?
49. ¿Qué mes es el quinto después de marzo?
50. ¿Qué estación viene después de la que viene después de verano?
51. Intenta distinguir si contiene más negro o más blanco cualquier superficie de color gris que veas.
52. Lo mismo con las superficies naranja, si tienen más rojo o amarillo.

53. Construye una oración con las palabras *niña, helado, señor* y *hoy.*
54. Ahora con *casa, noche, antes, sé;*
55. y con *vuestra, rojo, cuatro, recordó.*
56. Calcula en la habitación cuatro puntos. Por ejemplo, 1 el sofá, 2 la puerta, 3 la ventana y 4 el suelo. A continuación, toca en orden: 4-3-1-2. Ahora: 3-1-4-2. Por último: 3-1-4-2-3-2.
57. Ponte delante de un teclado y ve tocando todas las diez teclas o letras de un refrán o el comienzo de una canción.
58. Mira un minuto entero al menos la punta de un lápiz o un bolígrafo.
59. Sigue la punta del mismo lápiz o bolígrafo mientras lo mueves haciendo círculos lo más grandes que puedas, con la mano izquierda primero y la derecha después.
60. Coge un libro o revista y, en un párrafo, con un lápiz o bolígrafo, redondea, convirtiendo en *o* cada *c* que encuentres.
61. Intenta distinguir a simple vista, y viéndolos solo un segundo, el azúcar de la sal.
62. Oye una frase en una canción y di cuántas palabras tiene.
63. Monta en bicicleta no estática.
64. Mira un fragmento de un partido de fútbol solo fijándote en las caras de los jugadores.
65. Ahora haz lo mismo solo fijándote en los pies.
66. Por último, fíjate en todo lo que hace el jugador más adelantado del equipo que prefieras sin tener la pelota.

— Hábil imaginación:

1. Imagínate un centro perfecto venido del central derecho, estando tú en la zona del área a la izquierda del poste izquierdo y ejecutando tú un remate perfecto de cabeza que acabe en la escuadra derecha, donde el portero no llegue.
2. Imagínate, antes de salir al campo, culminando con acierto tres, cuatro, cinco, seis jugadas (un remate en un córner, una cesión del central, una cabalgada a robo de balón en el centro, una jugada ensayada, una falta en tiro directo, otro a pase de tu compañero habitual y tú librándote del último

defensa y batiendo al portero), y ahora ejecutando a la perfección un penalti: siete goles en total.

3. Imagina veinte segundos seguidos, sin interrupción, un barco velero surcando el mar; ahora, otros veinte segundos sin interrupción, una palmera; el mismo tiempo, el caparazón de una tortuga. Ahora imagina cuatro triángulos distintos. Por último, cómo se está haciendo una trenza de pelo una chica y después una cola simple con el mismo pelo.
4. Imagínate el sonido del viento en una ventana mal cerrada. Ahora el sonido del viento moviendo las páginas de un libro que lees. Imagina el sonido del aire meciendo las hojas de un árbol, tú echado a sus pies.
5. Imagina el olor de tu colonia o cuando hueles bien recién duchado.
6. Imagina el olor de un pollo asándose.
7. Imagina el olor de una tormenta sobre la tierra.
8. Imagina el olor del césped recién cortado.
9. Imagina el olor del césped recién regado.
10. Imagina el olor de una rosa, de un jazmín, el del romero, el de una infusión de menta poleo, si los conoces.
11. Imagina el olor de los naranjos en flor, el azahar, si lo conoces.
12. Imagina el olor de un autobús.
13. Imagina el olor de la gasolina.
14. Imagina el olor de un coche con tapicería nueva, recién salido del concesionario.
15. Imagina el olor de una *pizza* recién salida del horno, el del pan y el de un bizcocho.
16. Imagina el sonido del agua de lluvia cayendo sobre la acera. Ahora el sonido del agua de un cubo lleno, sobre la misma acera, tirada de golpe.
17. Ahora imagina la escala de música tocada en un piano.
18. Imagina el sonido de tus zapatillas sobre la arena seca de la playa, sobre el alquitrán de la carretera, sobre la acera, sobre el césped del campo de fútbol.
19. Imagina el sonido de la puerta de la habitación donde estás cerrándose de un golpe de viento. Ahora la puerta de otra habitación, cerrándose igualmente por el viento.

20. Imagina un grifo abierto del fregadero. Ahora una bañera llenándose. Ahora imagina el sonido de las olas del mar. Ahora el viento haciendo chocar el agua del mar y las rocas.
21. Imagina tu despertador sonando.
22. Imagina la voz de tu madre llamándote desde muy lejos. Ahora desde la habitación de al lado.
23. Imagina lo mismo ahora, pero con la voz de otro familiar.
24. Imagina el tacto de un dedo tecleando el ordenador. Ahora de un dedo tocando un folio, el suelo de tu habituación, la pared de tu habitación, el lavabo de tu cuarto de baño, la colcha que cubre tu cama, la mesa que tienes en tu sala de estar.
25. Imagina el tacto que te produce en todo tu cuerpo un abrazo fuerte con un familiar muy querido que hace que no ves...
26. Imagina el tacto de tu codo golpeando suavemente una pared. Ahora rozando una toalla, el mismo codo.
27. Imagina el tacto de la palma completa y los dedos de tus manos pasándolos por la superficie de un balón de futbol, por la red de una portería, por el césped, por tu camiseta, y agarrando una botella de agua.
28. Imagina sentir la nieve en tu mano.
29. Imagina sentir los rayos de sol en tus párpados cerrados.
30. Imagina el sabor de un dedo untado de azúcar. Ahora de sal.
31. Imagina el sabor del tabasco, de la horchata, de la leche entera y lo más natural posible, de la paella, de un filete de pollo a la plancha, de una naranja, de una sandía, un melón, una pera, una manzana, de una breva, de una ciruela, de una aceituna, de la pasta dentífrica, de la salsa barbacoa de las *pizzas*, del kétchup, de la mayonesa, del vinagre, del aceite, del agua con gas, de una ensalada aliñada y de una ensalada sin aliñar.
32. Imagina beber agua templada, ahora fría y ahora caliente.
33. Imagina sentir un cubo de hielo bajando por tu espalda.
34. Imagina la impresión del agua fría por tu espalda en la ducha.
35. Imagina la impresión del agua al tirarte en una piscina.
36. Imagínate pisando fuerte al correr cien metros lisos. Ahora al correr al ritmo de maratón, no cien metros de velocidad.
37. Imagina cómo cae al suelo el abrigo que has ido a colgar y con el que no has acertado con la percha.

38. Sentir lanzar una pelota de tenis lo más lejos posible. Ahora lo más alto posible.
39. Sentir mover la leche, ahora con una galleta dentro.
40. Subir descalzo por una duna. Ahora subir calzado por el sendero de un monte. Ahora subir calzado una montaña rocosa.
41. Imagina y siente el sonido y tacto de un paraguas abriéndose.
42. Ejercicios de visualización del proceso completo de: escoger y comerte una pera que chorrea; un día perfecto en la playa; un paisaje espectacular desde un mirador; ganar un partido; remontarlo en el segundo tiempo saliendo 0-3 perdiendo; un atasco en la autovía; pintar una pared entera...

— Ejecución rápida:

1. Dúchate en tres minutos.
2. Haz la cama, bien, en dos minutos.
3. Salta a la comba cinco minutos seguidos.
4. Pon la mesa en tres minutos; quítala también en tres.
5. Si encuentras a varios que quieran, juega al pañuelito.
6. Juega al alto al boli.
7. Juega a las cartas: especialmente al burro, pero también a otros.
8. Haz en papeles pequeños un abecedario: una letra en cada papel. Desordénalas sobre la mesa, y en un minuto, intenta colocarlas en orden.

— Decisión y elección mecánica:

Primero has de responder sin pensar, y por ello sin tener que acertar, a las siguientes preguntas. Lo importante es que se acostumbre al cerebro a oír una pregunta y emitir una respuesta enseguida, aunque el contenido sea imposible, siempre que no sea ilógico. Por ejemplo: a «¿cuánto mides?» se puede contestar «2 m», aunque se mida 1,60; pero no se puede responder «azul». Hay que intentar no dejar ningún espacio claramente perceptible entre pregunta y respuesta, o que este sea el menor posible.

1. Pon el cronómetro y cuenta cuánto tardas en contestar a todas estas preguntas seguidas.
   — ¿Cuál es tu color preferido?
   — Di una ciudad de España.
   — ¿Cuál es tu edad?
   — ¿Cuánto mides?
   — ¿Quién es tu mejor amigo?
   — ¿Y tu mejor amiga?
   — Di un país de Europa.
   — ¿Cuál es tu helado preferido?
   — ¿Y tu postre?
   — ¿Y tu primer plato?
   — ¿Y el segundo?
   — ¿Cuál es tu nombre?
   — Di un nombre femenino que te gusta mucho.
   — Di un transporte que te gusta.
   — Di un continente.

Anota el tiempo que has tardado en todas las preguntas y tus respuestas.

2. Hazlo de nuevo para ver si mejoras el tiempo.
3. De nuevo otra vez, las mismas preguntas.

— Reacción rápida reflexiva, no impulsiva:

1. Responde ahora, teniendo que decir la verdad de lo que sientes. Has de pensar su respuesta lo más rápido que puedas, pero pensarla:
   — ¿Cuál es tu color preferido?
   — Di la ciudad de España que más te gusta.
   — ¿Cuál es tu edad?
   — ¿Cuánto mides?
   — ¿Quién es tu mejor amigo?
   — ¿Y tu mejor amiga?
   — País de Europa que más te gustaría conocer.
   — ¿Cuál es tu helado preferido?
   — ¿Y tu postre?

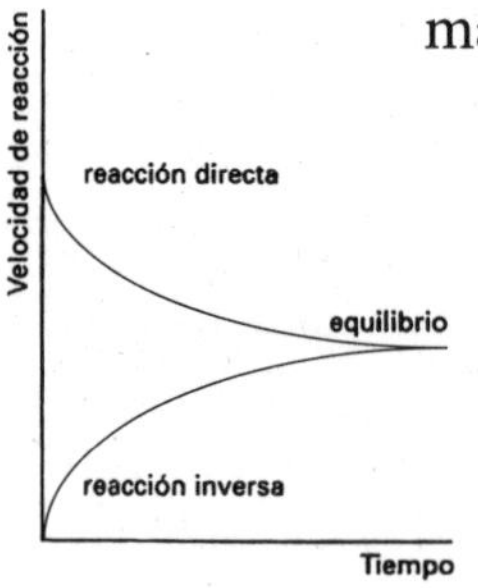

— ¿Y tu primer plato?
— ¿Y el segundo?
— ¿Cómo te gustaría llamarte si no te llamaras como te llamas?
— Di un nombre femenino que te gusta mucho.
— Di un transporte que te gusta.
— Di un continente.

Anota el tiempo que has tardado en todas las preguntas y tus respuestas.

2. Hazlo de nuevo, a ver si mejoras el resultado del tiempo.
3. Correr campo a través quince minutos al menos.
4. Estate parado hasta que alguien dé una palmada y entonces corre hacia donde quieras, y cuando dé otra, párate en seco. Así cuatro veces.
5. Ponte una canción y, cada vez que oigas la proposición *con* o cualquier palabra que se repita mucho, levanta las dos manos.
6. Rebota una pelota de tenis contra la pared y cógela. Durante siete minutos al menos.
7. Juega a videojuegos, aunque mejor a los que pidan una respuesta reflexiva y rápida.
8. Duerme entre siete y nueve horas.

— Memoria, para repetir sin pensar lo hecho antes:

1. Dile a alguien que te diga cinco números sin conexión (que los apunte en un papel para luego comprobarlo), espera diez segundos e intenta acertar cuáles eran.
2. Dile alguien que te escriba en un papel cinco números de dos o tres cifras cada uno, que te los muestre durante dos segundos, e intenta memorizarlos. Puedes empezar primero, si lo deseas, por cinco segundos. Pero has de lograr recordarlos con verlos solo un segundo y medio.
3. Haz el mismo ejercicio 1, pero con palabras que no tengan conexión ninguna, p. ej.: *ver, griterío, sí, atravesando, por.*

4. Ahora haz con palabras de tres o cuatro sílabas el ejercicio 2.
5. Juega a cualquier juego de memoria infantil (*Memory*, p. ej.).
6. Juega a juegos orales tradicionales del tipo: «De La Habana vino un barco cargado de... "plátanos"», y el siguiente jugador añade: «De La Habana vino un barco cargado de plátanos y de... "sacos de harina"»; así sucesivamente, hasta quien no recuerde.
7. Jugar al dominó o a cualquier juego de cartas.
8. Haz una lista con los contrincantes de otros equipos con los que es posible que coincidas en partidos y, junto a cada jugador, pon un elemento que lo caracterizó como futbolista cuando lo viste jugar. De manera que en tu memoria tengas una lista de jugadas que deberías combatir y sus jugadores, para estar avisado mecánicamente cuando te enfrentes otra vez a ellos.

— UNIÓN, CONJUNCIÓN, DE HEMISFERIO CEREBRAL IZQUIERDO Y DERECHO:

1. Baila con alguien cualquier música.
2. Canta al mismo tiempo que bailas una canción.
3. Escribe símiles (todo lo que empiece por «eso es como...») o metáforas de la soledad, de una rotura de brazo el día antes de estrenar una raqueta de tenis, la amistad, la necesidad del amor, el deterioro ecológico del planeta.
4. Dibuja en tres papeles diferentes la verdad, la injusticia y la traición.
5. Di un refrán sin palabras, solo con dibujos.
6. Juega al *Concept*, al *Party & Co*, *Pictionary*, *Linkee* y *Código Secreto*: cinco juegos de mesa.
7. Recuerda tu último partido y piensa en cuatro cosas diferentes que podías haber hecho para mejorar tu resultado en él.
8. Resume tu currículo en quince líneas máximo. Ahora en cinco como máximo. Por último, en dos como máximo.
9. Resume el currículo deportivo del mejor futbolista de todos los tiempos en siete líneas máximo. Después en tres.
10. Dramatiza con gestos una canción que escuches a solas.

11. Dibuja en el aire con la mano derecha un círculo; mientras, intenta dibujar con la izquierda un cuadrado y después un triángulo.
12. Juega al ajedrez.
13. Durante un minuto, masajea tu pie derecho con tu mano izquierda, y después, el mismo tiempo, tu pie izquierdo con la mano derecha. Sobre todo, hazlo recién despertado y antes de cada partido o acción importante.
14. Haz lo mismo treinta segundos, pero masajeando la oreja izquierda con la mano derecha y la oreja derecha con la mano izquierda.
15. Haz mapas mentales cuando tengas que aprenderte o explicar algo.
16. Intenta hacer malabares con dos frutas: dos naranjas o dos manzanas, por ejemplo.
17. Busca en Internet un conjunto de palabras de los colores, pero escritos en tonalidades distintas a las que representan. Ahora lee en voz alta cada palabra.
18. Utiliza las dos manos alternativamente. Por ejemplo, si somos diestros, abramos frecuentemente las botellas con la izquierda.
19. Intenta explicar por escrito, en un par de líneas máximo, alguna sensación, emoción o sentimiento que sientas.
20. Intenta describir oralmente, con las manos en los bolsillos o quietas, qué es una escalera de caracol.
21. Intenta aprender a tocar un instrumento musical, sobre todo el teclado de un piano.
22. Intenta pintar una acuarela.
23. Desenrosca dos botellas a la vez, cada una con una mano. Ahora enróscalas. Por último, enrosca una con una mano y desenrosca otra con la mano contraria.

* * *

Estos fueron algunos ejercicios, a los que se añadían los demás ejercicios habituales de los que ya se encargaba el cuerpo técnico del club al que pertenecía, verdadero experto en rendimiento deportivo, aunque desde un punto de vista distinto a veces del resto de su cerebro.

En cuatro meses, sus goles habían llegado a ocho en los últimos cinco partidos. Era una de las más firmes promesas. Uno de los colaboradores del jefe de la cantera había dicho de él: «Ha crecido, madurado, y se ha confirmado como uno de los líderes más rápidos de su categoría; hay que pensar cómo blindarlo, ahora le interesa a cualquier equipo». Ese día me puso un WhatsApp:

—No me ves, pero estoy llorando de alegría. Pichichi y dicen q soy el + rápido. Voy a conseguirlo. Sííííííííí. Gracias a ti. Gracias. Muchas gracias. En cuanto llegue septiembre nos ponemos con más ejercicios.

—Solo se lo debes a tu genialidad y a tu familia —le contesté con la verdad.

Juega en la Selección, en su categoría. El año que viene esperamos trabajar más su genialidad y su unidad. Esperamos que sea feliz: el deporte y su rapidez son solo un medio para ser feliz. Ahora toca su educación con todos, su reacción ante las provocaciones emocionales, y, sobre todo, la relación sincera con una chica que lo merezca, como tres metas siguientes: ahí se juega la felicidad tras mejorar en su rapidez y capacidad de sorprender al contrincante. Si en esto también hace caso y utiliza su genialidad y todo lo que es, será en pocos años, sin duda, un famoso jugador, completo, con prestigio y muy querido: feliz. Como toda su familia.

También ella

A nuestra consulta, por una cuestión de rendimiento en sus estudios, acudía también una chica de 3.º de ESO que ya despuntaba como futbolista en el pueblo de Andalucía donde residía. En efecto, solo verla y hablar con ella confirmaba su madurez, su complexión atlética y su facilidad para imponerse como delantera ante una defensa incluso mayor que ella. Le gustaba el fútbol, era su escapatoria de muchos otros problemas, y la ilusión de su vida era llegar a jugar en la selección española y vivir del fútbol.

Le aplicamos la misma tabla de ejercicios que a nuestro joven futbolista anterior.

El resultado fue que todos dijeron que ese curso había mejorado mucho como futbolista; sus números de goles y de asistencias lo confirman de manera notable, y sus notas habían pasado a una media de notable, cuando hacía unos meses había acabado con dos suspensos y una nota media de 5,2.

Le enseñamos a estudiar, que le faltaba aprender y esa es la causa del cambio en sus notas. Pero la tabla de ejercicios la ha hecho más ágil en el campo, más eficaz, más rápida y brillante; la ha ayudado también, desde luego, a serlo igualmente en sus estudios. Pasa siempre.

Seguiremos trabajando con ella en esta línea, para mejorar sus notas pero, al mismo tiempo, para poder confirmar que su rapidez, agilidad, concentración y eficacia deportiva y goleadora se deben a la ejercitación del dinamismo, la imaginación, la memoria, la concentración, la decisión y la velocidad trabajadas. Lo contaremos en unos años, si llega a la Selección.

Una sugerencia concreta de las posibles
APLICACIONES A TU HIJO

Sea cual fuere la situación de tu hijo o hija y lo que necesite mejorar (intelectual, físico, educativo; seguridad, autoestima, obediencia, etc.), su mejora pasa por su aptitud, motivación y mucho más, pero empieza por su cerebro. Elige los ejercicios que puedan gustarle y te ayudarán sin duda.

9

HABLANDO DE FÚTBOL, LA GENIALIDAD DE LOGRAR UN SUEÑO QUE DURE

Josemaría alimentaba de niño una ilusión: ser futbolista. Su físico y los derroteros de la vida parecía, desde pronto, que se lo impedirían. Pero sentía pasión por el fútbol y por un equipo concreto: uno de los más legendarios del fútbol mundial. Soñó de niño ser futbolista profesional del equipo con el que llegaba a soñar: su Atlético de Madrid. Imaginarse sentado en el banquillo de su equipo, ser profesional del fútbol en su club, vivir desde su banquillo noches históricas de gloria y obtención de títulos era su sueño, pero mucho más: también su vocación profesional. No obstante, la realidad se impuso y supo pronto que no llegaría nunca a ser jugador de fútbol profesional, como en efecto no lo fue nunca.

Josemaría es un hijo muy bueno de una familia extraordinariamente buena. Su padre, Mariano, se dedicaba a la educación y fue muy querido siempre, en sus diferentes destinos. Discreción, bondad, persistencia, trabajo, serenidad y profundas raíces del valor de su vida y su quehacer diario fueron enseñanzas familiares que se llevó a sus estudios de Medicina. Al terminar la carrera, eligiendo los senderos que solo la Providencia es capaz de gobernar, Josemaría, ya médico, seguía sintiendo pasión por el deporte, por el fútbol, por su club madrileño, y se encontró con una oportunidad que supo aprovechar: entró como médico en los servicios médicos de la Federación Española de Atletismo, y participó desde este puesto de atención a los deportistas en las Olimpiadas de Seúl y en las de Barcelona, 1992.

La genialidad de Josemaría se fue abriendo paso. Hasta que, en 1995, el entonces entrenador del Atlético de Madrid, Radomir

Antic, le dio la oportunidad que él genialmente pidió poniéndose a tiro. Entonces, Josemaría llegó a los servicios médicos del Atlético y se sentó en su banquillo. Cuidó desde allí, partido a partido, a jugadores como Simeone, entrenador hoy. Sentado en el mismo banquillo de su Atlético, el de sus sueños, lleva más de veintisiete años, cada domingo, viajando con el equipo, por España y en todas las competiciones mundiales, giras, como lo que es, un futbolista más que quería llegar al banquillo y que se quedó en él como nadie.

Sentado en ese banquillo del Vicente Calderón al principio y del Wanda Metropolitano o Cívitas Metropolitano después, cumplió su sueño, pero de una forma distinta, nueva y admirable.

Josemaría nunca llegó a ser jugador de fútbol profesional, pero sí a ser profesional del fútbol. Logró estar —está aún— en el banquillo. Solo sale al césped en los partidos cuando lo requieren y es necesario, pero ha formado y forma parte del equipo y, por tanto, ha ganado los siguientes títulos con él:

20/21	Campeón de España
18/19	Campeón de la Supercopa de la UEFA
17/18	Campeón de la Europa League
15/16	Finalista de la Liga de Campeones
13/14	Campeón de la Supercopa de España
13/14	Finalista de la Liga de Campeones
13/14	Campeón de España
12/13	Campeón de la Supercopa de la UEFA
12/13	Campeón de la Copa del Rey
11/12	Campeón de la Europa League
10/11	Campeón de la Supercopa de la UEFA
09/10	Campeón de la Europa League
01/02	Ascendido a Primera División
01/02	Campeón de Segunda División
99/00	Descendido de Primera División
95/96	Campeón de la Copa del Rey
95/96	Campeón de España

Fuente: Transfermarkt.

Títulos que todo el equipo ha obtenido y él también, colaborando con su parte, haciendo bien su trabajo, en su puesto, donde está integrado desde 1995 y donde continúa y continuará ganando títulos y realizando su función para su club.

Ha sido ya compañero de banquillo de entrenadores como:

Antic,	García Cantarero,	Pepe Murcia,
Arrigo Sacchi,	Luis Aragonés,	Javier Aguirre,
Ranieri,	Gregorio Manzano,	Abel Resino,
Zambrano,	César Ferrando,	Santi Denia,
Marcos Alonso,	Carlos Bianchi,	Quique Sánchez Flores...

Diego Simeone recuerda que, cuando él pertenecía a la plantilla de jugadores del club, Josemaría ya fue compañero suyo en este equipo, y que, veintisiete años después, todos los jugadores de aquel banquillo ya se retiraron de la práctica del fútbol activo y Josemaría permanece en el mismo banquillo, ininterrumpidamente, después de haber sido médico y compañero en el mismo de:

Molina,	Solari,	Movilla,
Caminero,	Juninho Paulista,	Stankovic,
Correa,	Valerón,	Coloccini,
Kiko Narváez,	Gamarra,	Albertini,
Prodan,	Capdevila,	Emerson,
Pantic,	Márquez,	Luis García,
Paulo Futre,	Jean-François Hernández,	Javi Moreno,
Juan Esnáider,	Toni Muñoz,	Cuéllar,
Vieri,	Hibic,	Simeone,
Torrisi,	Fernando Torres,	Álvaro Novo,
Rubén Baraja,	Koke,	Tachi,
Ibagaza,	Salvio,	Gaitán,
Fabri,	Diego Godín,	Kevin Gameiro,
Musampa,	Filipe Luís,	Vietto,
Leo Franco,	Juanfran Torres,	Vitolo,
Molinero,	Diego Costa,	Rodri,
Roberto,	Thibaut Cortuois,	Lemar,
Lucciano Galletti,	Falcao,	Morata,
Zé Castro,	Adrián López,	Trippier,
Mario Suárez,	Oliver Torres,	Marcos Llorente,
Pernía,	Oblak,	Riquelme,

Thiago Motta,	Lucas Hernández,	Joáo Félix,
Simáo,	Arda Turán,	Kondogbia,
José Antonio Reyes,	Keitia,	Sanabria,
Kun Agüero,	Antoine Griezmann,	Germán Burgos,
Diego Forlán,	Mandzukic,	Dembélé,
Assunçáo,	Savic,	Luis Suárez,
Banega,	Saúl,	Wass,
Raúl García,	Gabi,	Witsel,
David de Gea...		

y muchos más internacionalmente reconocidos que formaron parte del Atlético de Madrid en los últimos veintisiete años; que comenzaron, se desarrollaron como futbolistas en este banquillo, y a los que les llegó, incluso, la retirada como futbolistas en muchos casos, por edad. Mientras, Josemaría sigue sentándose en un banquillo en el que no hubiera permanecido de ser jugador y de no ser tan genial como es.

En palabras de Antic a un periodista del diario *Público*: «No encontrarás a nadie que te hable mal de él. [...] Encarna el prototipo de lo que debería ser normal».

La genialidad del ser humano debería ser lo normal. Así el mundo sería más justo, menos conflictivo, más feliz y se cumplirían más fácilmente los sueños.

En diciembre de 2020, José María recibió la Insignia de Oro y Brillantes, máxima condecoración del Club Atlético de Madrid.

Un niño de nueve años, nacido en el condado de Zadar (Yugoslavia), vivió en primera persona y en plena guerra de los Balcanes cómo milicianos de Serbia asesinaban a su abuelo, civil, en el asentamiento de Jasenice, quemando su casa. Toda la familia, con él, huyó, y se refugiaron como desplazados, arrancados de su pueblo natal, Zaton Obravacki, destruido por las bombas serbias y hoy con menos de ciento veinticinco habitantes, aunque antes de la guerra había llegado a tener quinientos veinticinco. Junto con otras familias, hallaron refugio en otra localidad, lejos de la infancia feliz que vivió en su pueblo, ahora destruido. Se hizo la promesa de no volver a él si no era en condiciones de asegurar una vida mejor y en paz a su familia.

Fotograma del documental *Wolf Attack Sequence (Napad vukova)*, de Pavle Balenovic, que muestra al pequeño Luka cuidando las cabras en Velebit, Croacia.

Refugiado en Zagreb —entre los quince y diecisiete años— decidió, junto con su familia, emplear la genialidad de su cerebro, su pasión y sus piernas jugando al fútbol para huir de la guerra, huir del conflicto, de la miseria y la destrucción que arrastra la guerra, pero, sobre todo, para rescatar a su familia.

El plan resultó, porque la genialidad de Luka era cierta y en 2018 llegó a ser proclamado el mejor jugador de fútbol del mundo por la FIFA.

A la izquierda, Modric en las categorías juveniles del NK Zadar de Croacia. A la derecha, en una imagen reciente compartida por él mismo en su perfil de Instagram, junto a su padre a la puerta de la casa donde creció.

Su genialidad otorga hoy un estilo de vida seguro a toda a su familia. Su madre, costurera, y su padre, técnico en el aeropuerto, se aseguraron de que Luka no perdiera en el desarrollo de su genialidad deportiva el resto de las genialidades que era capaz de desarrollar: su visión de la familia, su humildad, compañerismo, resiliencia, superación ante el sufrimiento, bondad con todos, amabilidad, serenidad. Y la genialidad brilló, una vez más, en esas virtudes aún más que en su profesión deportiva.

No es un jugador genial solo; es un niño genial, que decidió jugar al fútbol profesionalmente, buscando una vida genial y familiar, y se ha convertido en un genial adulto.

El trabajo es solo una ocasión de genialidad

El ser humano ha de trabajar solo para perfeccionar el mundo, completarlo, completarse en él, hacerlo más habitable y hacer más confortable la existencia de todos en él. Para quien así actúa, poniendo en activo con ese fin su genialidad, su vida será genial, y también la de sus seres queridos.

Así lo hizo Luka y así lo hizo Josemaría. Nada impide que lo hagas tú, incluso con mejor resultado, aunque no se entere la prensa.

Una sugerencia concreta de las posibles
APLICACIONES A TU HIJO

Cabeza y corazón son uno. Un medio único para ser feliz. Lo demás son medios. Valiosos o no si nos acercan o alejan de la felicidad real.

Los sueños son parte de la felicidad: los que se cumplen y los que se tornan en mejores planes reales.

La realidad y los sueños juegan en el mismo escenario, pero es el trabajo el que hace que no salga ninguno del espacio en que se actúa y vive.

Escuchar a los hijos e hijas relatar y alimentar sus sueños es ser padre y madre, enseñarles a enfocarlos hacia la felicidad, enseñarles que todo lo valioso es un medio para ser feliz y que, por tanto, hay que desechar muchos medios que no son valiosos.

Enseñanza importante resulta demostrarles que queremos también nosotros ser felices, que no nos resignamos si no lo somos y que luchamos con trabajo por serlo y por que ellos lo sean.

Necesitan padres y madres que escuchen sus sueños, sin prejuicios; que los animen a tenerlos, a cuestionarse si les harán felices de verdad y que luego los alienten, los acompañen y les enseñen cómo trabajar por conseguirlos, y a aceptar que no salgan si no salen, porque entonces habrán salido de otra forma y tendrán que aprender a detectar que muchos sueños se cumplen, tras el trabajo que requieren, pero mejorados por la realidad.

10

LA GENIALIDAD DE VENCER LAS FUERZAS MAYORES CON OTRAS SUPERIORES

El 23 de junio de 2018, doce niños de once a dieciséis años jugaban un partido dirigidos por su entrenador, de veinticinco años. Era el cumpleaños de uno de ellos y había llevado algo para celebrarlo con sus amigos tras el partido. Al terminar el encuentro, antes de celebrar el cumpleaños con sus familias, quisieron celebrarlo corriendo con sus bicicletas entre los arrozales que días antes habían estado intransitables por el agua, y se detuvieron en una célebre cueva de largos túneles. Llevaban sus linternas. Solo linternas, porque pensaban pasar una hora en la gruta. Estaba muy cerca. La solían visitar con asiduidad y se habían adentrado en ella en alguna ocasión, incluso hasta ocho kilómetros. Era ya una costumbre, un rito de iniciación adolescente. Se adentraban y, en un sitio recóndito, escribían el nombre del chico nuevo que se unía al grupo de amigos. Era tan frecuente ir a la cueva que, cuando las familias los echaron de menos, acudieron directamente a ella, en la que encontraron sus bicis y bolsas a la entrada.

Ellos se introdujeron andando y corriendo por los primeros túneles, como muchas veces habían hecho. Estaban contentos. De repente, comenzó un aguacero que inundó los túneles y los atrapó en la cueva, sin saber nadar algunos de ellos. Quisieron salir, pero el agua se lo impedía y solo pudieron adentrarse aún más, para refugiarse en algún sitio seguro. Alcanzaron aquel espacio a cuatro kilómetros de la entrada.

Asustados, a oscuras (tuvieron que racionar bien sus pequeñas linternas), con frío, apiñados y hambrientos tuvieron que aguardar los doce amigos, junto a su joven entrenador, hasta los nueve primeros días, en que fueron localizados por dos británicos.

Los trece niños y adolescentes tailandeses tenían que luchar contra el miedo, contra la oscuridad que les hizo perder la noción del tiempo, contra la sed (que compensaron con las filtraciones de agua de las paredes de roca) y contra el hambre (solo mitigado racionadamente por lo que Peerapat Sompiangjai había llevado para celebrar su cumpleaños con sus amigos y tenía en sus bolsillos), y con la incertidumbre de si alguien sabía dónde estaban.

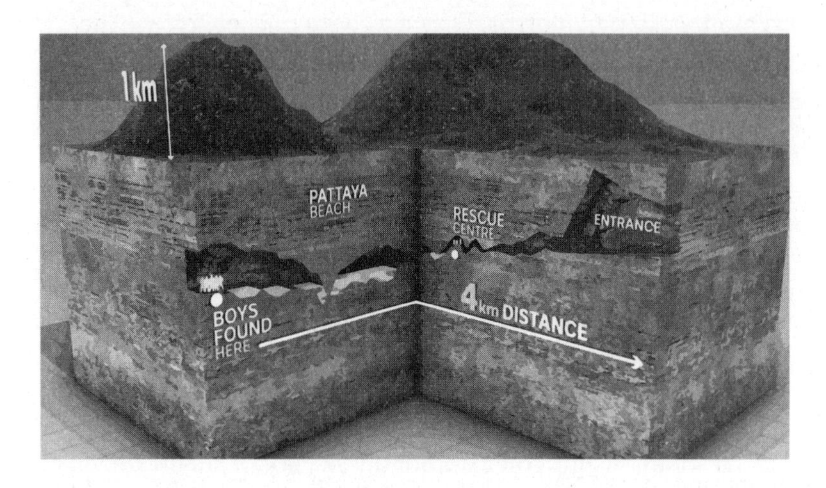

Además de sobre la intervención de un milagro, que luego se podrá deducir por los detalles, no cabe duda tampoco del concurso de la genialidad de los trece. Especialmente del entrenador, Ekapol Chanthawong, que, con solo veinticinco años, logró mantenerlos unidos, en calma, esperanzados. Pese a su juventud, antes de monitor y entrenador de fútbol de adolescentes, había sentido que podía ser monje y había profesado durante algún tiempo —tres años antes— las prácticas de los monjes budistas, lo que aprovechó para mantenerlos tranquilos, serenos, en calma, unidos, durante tanto tiempo: enseñándoles a meditar (controlando el estado de ánimo, su respiración, su claustrofobia y que los niveles de oxígeno no siguieran descendiendo como ya habían notado), a controlar el estrés de la situación, la adversidad, la incertidumbre, el miedo, el hambre, el frío (para el que excavaron con rocas en la tierra seca un espacio, una cueva de cinco metros, donde todos se agrupaban para darse calor), y enseñándoles a permanecer unidos, a sufrir juntos sin desesperarse, a apoyarse, a esperar día tras día, a pasar gran tiempo meditando y, por tanto, estando quietos y consumiendo la menor energía posible. El oxígeno no les faltó gracias a la piedra caliza porosa y a las grietas en las rocas por donde podía entrar aire.

La supervivencia de los trece fue un milagro (la genialidad, al fin y al cabo, es ya un milagro, un don de Dios a la humanidad, un chispazo de inteligencia + sensibilidad + generosidad + mirar a los demás), pero también fue un logro de los trece, que se tuvieron en todo momento unos a otros. Y fue un logro que los trece —incluido él mismo— deben especialmente a la genialidad del entrenador, que supo sacar lo mejor de sí para el bien del grupo, que supo ser el líder que necesitaban en aquella situación, de modo genial y sereno; que cedió su ración del poco alimento que llevaron encima a los demás chicos y que, cuando lo rescataron, ya tenía signos de depresión, sintiéndose culpable de lo ocurrido y sorprendido de que las familias no lo culparan. Porque los familiares supieron ver en Ek la genialidad que había salvado a sus hijos. «Si Ekapol no hubiera ido con ellos, ¿qué le habría pasado a mi hijo?», concluyó la madre de Phonchai, uno de los niños, el que cumplió años. La misma madre se había adelantado a escribirle: «Cuando salga, tendremos que ayudarlo a sanar su corazón. Querido Ek, yo nunca te culparía», como contestación a la primera carta que escribió el entrenador a las familias, una vez fueron localizados y antes de ser rescatados. Carta en la que Ek escribió: «Prometo que cuidaré a los niños lo mejor posible. Quiero agradecerles todo el apoyo y quiero pedir disculpas a los padres».[11]

Muchos hubiesen podido culparle de haberse adentrado con los chicos en la cueva, pero, sin duda, y en gran parte, deben la supervivencia de los niños a su genial actuación durante los diecisiete días.

Su experiencia y rescate de la cueva de Tham Luang ha dado pie, por ahora, en cuatro años, a la publicación de dos libros, a una película protagonizada por Viggo Mortensen y Colin Farrell (*Trece vidas*, 2022) y a la miniserie de Netflix *Rescate en una cueva de Tailandia* (2022), además de a numerosas aportaciones de personas generosas de todo el mundo conmovidas por lo sucedido.

---

11 *La Nación*, 10 de julio de 2018. «Rescate en Tailandia: los héroes que hicieron posible la epopeya». https://lanacion.com.ar/el-mundo/los-heroes-de-tailandia-nid2151770.

Los trece extraviados serían encontrados el 2 de julio (un día después del cumpleaños de Note, otro de los niños, y varios del cumple de Dom, otro más), en una gruta oscura y húmeda, apiñados en una ensenada, sin agua ni comida ya, a cuatro kilómetros de la entrada, en tramos de difícil acceso e inundados. Después de dos semanas de entrar en la cueva.

Pero la genialidad encuentra más genialidades. Y la de los trece encontró la genialidad también de dos buzos británicos: Rick Stanton (bombero) y John Volanthen (ingeniero informático), genios en buceo. Los que los localizaron. Sus amigos y compañeros (como Jon Whiteley, responsable de rescates de la Organización de Rescates en Cuevas de Devon) destacan de ellos, coincidentemente, los siguientes rasgos, que nos dan pistas sobre la genialidad que genera grandes resultados:

— Son tranquilos.
— Muy organizados.
— Extremadamente disciplinados.
— Profesionales consumados.
— Con aversión al riesgo.
— Están por delante de todos.
— Humildes pese a sus logros.
— Les gustan su vida normal, sus trabajos cotidianos normales y estar con sus familias.

Rasgos propios que pueden encontrarse en muchas de las hazañas más geniales de los seres humanos, geniales por ser humanos, que ponen en acción su genialidad, sin mucho más que estos rasgos. Convendrá tomar nota.

A estas cualidades, descritas por sus amigos y compañeros de buceo, habría que añadir otras esenciales: eran muy humanos, les importaba más poder rescatar una vida que poner en peligro su vida.

Después del único buzo muerto, tailandés, ellos siguieron hasta localizarlos. Además, eran completos y tenían la unidad que defendemos: técnica y sensibilidad, una gran sensibilidad. John, el buzo que detectó a los niños en la caverna, lo hizo por el olor: «Olimos a los niños antes de verlos o escucharlos».

Pero después de la localización, el 2 de julio, se encontraron con dos obstáculos importantes: algunos no sabían nadar y los accesos eran casi imposibles, salvo para buceadores expertos. De hecho, había muerto ya el buzo tailandés Saman Gunan —al quedarse sin aire el 6 de julio en uno de los pasos estrechos—, un exsoldado retirado, con treinta y ocho años, que se incorporó voluntariamente a la operación. Su esposa declaró: «Saman una vez dijo que no sabemos cuándo vamos a morir... Así que por eso necesitamos atesorar cada día».

Los niños lograron, a través de los buzos, mandar cartas escritas a mano a sus familiares: en ellas se repetía lo mucho que se querían y que no se preocuparan. También referían los alimentos que querían comer al llegar a casa y algunas bromas como la petición a sus maestros de que nos les enviaran mucha tarea. El oxígeno de la cámara había descendido al 15 %, por debajo de lo normal: 21 %. Urgía sacarlos.

Tuvieron entonces que tomar, entre el 2 y el 8, una decisión difícil, que resultó genial. Se le ocurrió a Rick Stanton, pero tuvo que tomarla en último extremo otro del grupo —debido a las consecuencias y responsabilidades profesionales, morales y legales que conllevaba—, con riesgo de toda su profesión, conciencia y prestigio: el anestesista australiano Richard Harris. Era un riesgo completo, cuya responsabilidad recaería solo sobre Harris. No era fácil efectuar aquella operación a cada niño en aquellas circunstancias y transportarlo anestesiado, teniendo que inyectarle varios refuerzos de la anestesia a lo largo de las casi tres horas de media que exigió el rescate de cada uno por la gruta, bajo el agua, sin seguridad de que fuera a funcionar, porque nunca se había hecho algo así.

Harris decidió seguir con la idea de Rick, definitivamente, pese a su riesgo. Y se reveló genial: la genialidad conlleva una forma nueva y admirable de hacer algo. Resultó genial la anestesia, pero fue aún más genial ser capaz de tomar una decisión con tanto riesgo personal. Fue genial ser tan humano y genial como para ver que salvar una sola vida de aquellos niños compensaba todo el prestigio profesional como anestesista que había logrado durante años.

Para el día 10 de julio, las predicciones meteorológicas anunciaban lluvias fuertes, con la consiguiente amenaza de inundarse más la cueva, algo que lo complicaría todo. Tenían que sacarlos con urgencia. El día 7 se decidió comenzar la arriesgada operación. No se podía esperar, ni anunciarlo públicamente debido a su complicación de todo tipo: también legal.

Se sacó a los trece en tres días, en tres tandas cada día. No se podía hacer más deprisa porque era preciso recambiar las bombonas de oxígeno que los niños necesitaban en varias paradas del camino. Las crecidas esperadas por las lluvias del día 10 en el interior de la cueva provocarían la inundación completa y el rescate resultaría imposible.

Cada niño iba sedado, con manos y pies amarrados por bridas, para que no se moviera. Sus transportadores no sabrían con certeza si aún vivían o no hasta llegar a los distintos tramos donde poder comprobar si seguían respirando. Debían administrar las nuevas dosis de anestesia en el trayecto. Cuando llegaban a la cámara tres, donde comenzaba la segunda parte del transporte, se les ponía en camillas y eran transportados por cinco buzos cada uno, incluso con sistemas de poleas en algunas pendientes. Participaron en total casi mil buzos de muy diferentes países.

El mismo día que salió el último niño, el anestesista Harris (el generoso y genial médico) se enteró de que acababa de morir su padre, al que había dejado, interrumpiendo sus vacaciones, para ir a intentar salvar a los niños. Su generosidad fue así mayor. A veces, en la genialidad, se une la extrema alegría con la extrema tristeza, pero todo está bien: no solo se equilibra, sino que el bien es mayor siempre.

No cabe duda alguna de las características milagrosas de todo el rescate. Los familiares pasaron día y noche, las dos semanas, rezando y llevando ofrendas «para mostrar respeto al espíritu que protege a la cueva». «Le pedí que protegiera a los trece niños», dijo la madrina del entrenador. Y el Espíritu bueno los protegió.

Pero ello no quita la participación que queremos resaltar: el concurso de la genialidad del entrenador Ekapol Chanthawong y la genialidad de los dos británicos que los encontraron y del anestesista que se arriesgó a una praxis no recomendada, la opción que los salvó: una decisión nueva y admirable, fuera de la ley quizá, de la lógica, de las probabilidades. Salvar a alguno fue lo que estimuló su genialidad y salvaron a los trece. La genial actuación de

El entrenador asistente de los Jabalíes Salvajes, Ekapol Chanthawong (izqda.), compartió en su perfil de Facebook esta instantánea junto a los chicos.

Ekapol fue clave para mantenerlos esperanzados, pero también para mantenerlos unidos y que todos, como un equipo, un único cuerpo, fueran rescatados, como uno solo.

Pero, junto a la suya, también concursó de una forma u otra la genialidad de los que se les ocurrió, y estuvieron bombeando día y noche la lluvia que caía sobre el exterior de la cueva para que el nivel del agua que se filtraba a ella desde el exterior fuera menor. Y eso pese a destruir las cosechas aledañas, cubiertas por el agua canalizada y bombeada. Incluso, también la genialidad del empresario tecnológico Elon Musk y sus ingenieros (buscaran o no publicidad), que idearon, fabricaron y llevaron hasta Tailandia un artefacto para sacarlos, aunque fue desechado finalmente por los rescatadores, debido a las condiciones de la gruta.

«¿Trece? ¡Genial!». Esas fueron las palabras que pronunciaron los buzos británicos voluntarios que encontraron al equipo de fútbol»[12].

Los niños solo perdieron dos kilos de promedio y alguno desarrolló neumonía. Pero todos salieron sanos.

La genialidad de este rescate es en realidad la genialidad de miles de personas reunidas en un sitio recóndito de un país recóndito. La genialidad de la humanidad que acude al interior de una cueva de un pueblo desconocido por el mundo porque, allí, unos humanos necesitaban de la genialidad de otros. Mientras, ellos,

---

12 *Id.*

Ekapol Janthawong,	25 años
Peerapat Sompiengjai,	17 años
Phornchai Kamluang,	16 años
Pipat Phothai,	15 años
Adul Sam-on,	14 años
Ekkarat Wongsookchan,	14 años
Nattawoot Thakamsai,	14 años
Prajak Sutham,	14 años
Duangpet Promtep,	13 años
Somphong Jaiwong,	13 años
Panumas Sangdee,	13 años
Mongkol Boonpiem	13 años
y Chanin Wibrunrungrueang,	11 años

hicieron su parte, poniendo en juego cada uno la genialidad de hacer lo que estaba en su mano, unidos por un líder, para sobrevivir. Y resultó.

Una sugerencia concreta de las posibles
APLICACIONES A TU HIJO

Cuántos genios no podrán salvar vidas dentro de unos años, si no se aprende en la familia y en la escuela a pensar la importancia de la vida del otro y a imaginar, crear, actuar, decidir de una forma admirable y distinta: si no se aprovecha que son ya geniales.

Por eso compensa poner accesibles a nuestros hijos e hijas casos de heroicidades que comienzan por la conjunción generosa de genialidades de seres humanos como ellos y ellas, que deciden que salvar a otro merece la pena pese al riesgo que conlleva.

Que, en el fondo, todo lo que uno va aprendiendo a lo largo de la vida creyendo que lo hace por afición, como a bucear; todo lo que sabe y todas sus destrezas, en un momento de la vida, se suele convertir en el medio perfecto para salvar a alguien, a poco dispuestos que estemos a mirar con sensibilidad a nuestro alrededor, aunque sea lejos.

11

LA NIÑA QUE HABLÓ CON LA PLANTA 97

Como todo el mundo conoce, el 11 de septiembre de 2001 ocurrió el atentado a las dos Torres Gemelas del World Trade Center, pero nadie sabrá jamás todas las historias de genialidad humana de niños y adolescentes que aquel día originó, como nadie conoce las de cualquier día del año.

Como los hechos son muy conocidos y turbadores, no nos extenderemos en este capítulo y nos centraremos solo en la genialidad de una niña de doce años, Evangelyn.

Jonas, Katerine, Evangelyn y Melvin son una familia de Puerto Rico que vivía en Nueva York el 11 de septiembre de 2001. No quieren que se les conozca y por eso no aparece su fotografía. Ni siquiera sus nombres son verdaderos, salvo el de Evangelyn, por homenaje a ella. Con su permiso cuento esta genialidad de Evangelyn que su madre contó a un amigo común, que pasó el mes de agosto del año pasado en Nueva York. No quieren que se conozca con sus nombres y fotos, simplemente, porque dicen que es una historia familiar. Solo eso. Que así la quieren conservar. Aunque entienden el valor de la conservación del nombre de su hija y les parece correcto que se revele.

Las genialidades más profundas son siempre exclusivamente familiares.

Su padre trabajaba en la planta noventa y siete de la Torre Sur (torre 2), en la que impactó el segundo avión, y logró hablar con su mujer esa mañana:

> «La gente está saltando. Huyendo de una muerte segura por asfixia, para respirar al menos unos segundos en el aire. Yo no saltaré. Nuestro Dios sabía que yo trabajaba hoy. Y que hoy estaría aquí».

Luego le dijo a su mujer que se despidiera de sus hijos, pero su hija mayor estaba en casa, terminando de curarse de una leve enfermedad, que justificaba su presencia esa mañana en el domicilio. Había vivido las noticias mientras desayunaba, junto a su madre. También había vivido su nerviosismo al intentar localizar a su padre. Y su cara al recibir su llamada de móvil. Estaba presenciando la última conversación de sus padres. De pronto, sintió un impulso maduro y sereno de hablar con su padre. Su madre le dijo:

—Querida, es mejor que no. Luego te cuento.

Pero Evangelyn le dijo a su madre:

—Mamá, necesito hablar con él.

El padre la oyó y pidió que se pusiera. La madre puso la opción de manos libres, y la conversación entre ellos fue:

—Hola, cariño.

—Papá, no tengas miedo. Sé fuerte. Cuidaremos muy bien de mamá. Estaremos todos muy bien, no te preocupes. Y tú nos cuidarás a todos, desde el Cielo, más unidos que nunca. No te preocupes, todo saldrá bien. Todo lo que nos contaste era verdad. En poco estarás con Jesús y muy cerca de nosotros ya para siempre. Cuidándonos.

—Gracias, hija mía, gracias. Os quiero.

—Te paso con mamá, papá; recuerda, no te preocupes, todo va a salir bien. Y ya sabes papi, ahora sé fuerte, papi.

La madre quitó la opción manos libres y se puso ella, pero en menos de un minuto la conversación se cortó. El móvil de Jonas no volvió a estar operativo.

Katerine le contó a nuestro amigo común:

> «"Sé fuerte" era el consejo más repetido en la familia. Sobre todo lo utilizaba Jonas con Evangelyn, desde que era muy pequeña y cuando se enfrentaba a algún esfuerzo que merecía la pena».

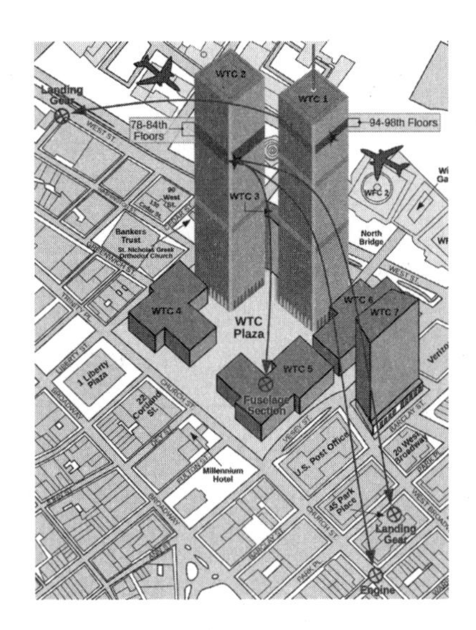

Jonas se hallaba en la planta 97. | Izq.: © Bearclau, cc by 2.0. https://flic.kr/p/4zowQr. Dcha.: © Cflm001, cc by-sa 3.0. https://creativecommons.org/licenses/by-sa/3.0

Una sugerencia concreta de las posibles APLICACIONES A TU HIJO

En los momentos familiares más difíciles es precisamente cuanto más se puede contar con los hijos. Su genialidad y sensibilidad, sobre todo si han aprendido de sus padres a ser generosos cuando la situación lo requiere, suele sorprender y ser de decisiva ayuda al adulto que teme verse sobrepasado. Máxime si, además, comunica una tragedia al resto de la familia, como si protegiera a los hijos al ocultarle la realidad más cruda con la que tarde o temprano se han de enfrentar obligatoriamente.

La realidad es que cada hijo es parte insustituible de la familia. Si puede, lo asimilará e intentará ayudar. El trauma y el bloqueo que se teme en los hijos se alimenta precisamente, al contrario, cuando sienten que no están sirviendo de ayuda, que no son parte activa de la solución. Nadie percibe con mayor realismo, superación y optimismo las tragedias que los niños y los ancianos.

12

LA GENIALIDAD CONECTA TODO A LA VEZ

La genialidad cocina todos los siguientes ingredientes en la olla, en una cocción vital, única, para alimentar cada segundo que se vive, en proporciones dispares y combinaciones inéditas e imprevistas que hacen único a cada plato, a cada menú y a cada *chef*:

Rareza: diversidad-singularidad	Deducción e inducción	Valentía
Sorpresa	Reflexión	Lucidez
Inteligencia	Asociación de ideas de ámbitos distantes	Avance
Ocurrencia	Composición	Generosidad
Agudeza	Coherencia	Donación
Experiencia	Sensibilidad	Grandeza
Acierto y verdad	Originalidad	Sensación de fracaso
Inspiración	Variedad	Aislamiento
Claridad	Creatividad	Tiempo
Perspicacia	Decisión pese a la inseguridad	Necesidad de reconocimiento y afecto
Observación	Memoria	Sutileza
Sagacidad	Imprevisión	Espiritualidad (no materialismo)
	Naturalidad-espontaneidad	

Si analizamos cada ingrediente, se pueden agrupar en tres tipos: *los rasgos singulares* que tiene ya cada persona, nunca repetida; *las aptitudes* que se han de dar para resultar genial quien tiene capacidad de serlo y opta por establecerlas en él o ella libremente; y *las acciones* que esa singular persona puede realizar con las aptitudes concretas que preparan la acción genial, que toda persona tiene capacidad de hacer y que convierte en hecho a través precisamente de su acción. Es decir:

GENIALIDAD = singularidad + aptitud + acción

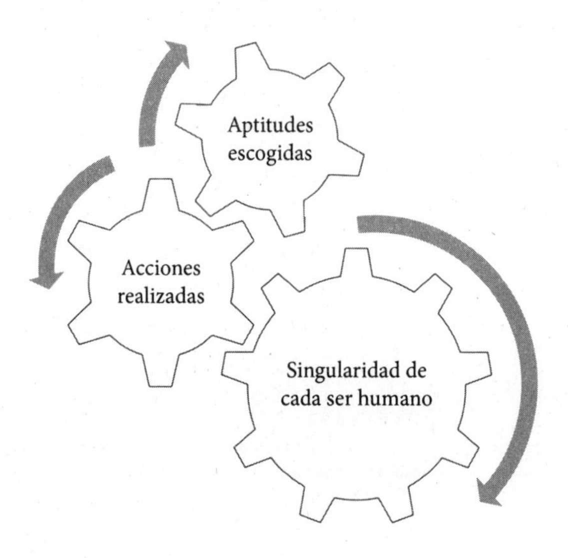

El engranaje de la genialidad comienza a moverse cuando se abre la genialidad de cada uno y cada una al engranaje de los demás y de sus demás genialidades.

Siempre hay límites naturales, pero la genialidad es ir hasta el límite cuando conviene y combinar lo que no se sabía que podía combinarse.

Nos toca a todos los seres humanos, para actuar muy humanamente, aprender a cocinar; cada cual mejor o peor *chef* (no necesitamos estrellas), pero *chefs* valientes, arriesgados y estudiosos, preparados para cuando haga falta. Y junto con *chefs*, ingenieros, expertos en engranajes. Porque todos los hijos e hijas habrán de comer y de moverse para ser felices. Aprender a hacerlo bien está en sus manos.

Una sugerencia concreta de las posibles
APLICACIONES A TU HIJO

En la medida que sepamos, alimentemos a nuestros hijos e hijas con cada uno de los ingredientes que necesitará su olla. Para que dispongan de ellos cuando les toque cocinar.

Si no sabemos, preguntemos. Algunas pistas podemos encontrar en muchos de los libros que ya puse a disposición de todos en diferentes formatos, con esta temática en algunos capítulos. Por ejemplo: *El niño que venció a brujas y dragones; Tú también puedes ser Einstein y comerte el mundo; Educa sin estrés; Guía para ser buenos padres; Cuatro claves para que tu hijo sea feliz; Adolescentes: manual de instrucciones; Hijo, tú vales mucho; Nuestra mente maravillosa; Todo lo que sucede importa; La enfermedad del amor; Cómo entrenar a su dragón interior; La revolución necesaria: ser inteligente, libre y feliz*; o, de otro autor, *La educación de las virtudes humanas*, de David Isaacs. O en los ejercicios encontrados en muchos de estos capítulos, incluido el último, para niños o niñas con «alta capacidad intelectual», también aplicable —según edad— para niños y niñas con alta capacidad de humanidad.

13

UNA GENIALIDAD SIN DESCUBRIR: «¡CÓMO HA PODIDO PENSAR QUE FUERA TAN TONTA!»

Todos los niños y niñas son geniales.

Sus manifestaciones de genialidad abundan a cualquier edad. Pueden descubrirse en todos los ámbitos si nos fijamos. Varias veces al día en cada uno y una.

Pero, aunque no sea lógico que ocurra así, sucede que la mayoría de sus manifestaciones pasan desapercibidas y, por eso, ellos mismos también. Aún más, muchos de ellos son malinterpretados por falta de genialidad de quienes los interpretan, y sus genialidades son confundidas y consideradas errores incluso.

A Esperanza le sucedía eso. Su «seño» le había tachado todas sus genialidades, con tachadura que lo abarcaba todo. Como diciéndole: «todo está mal».

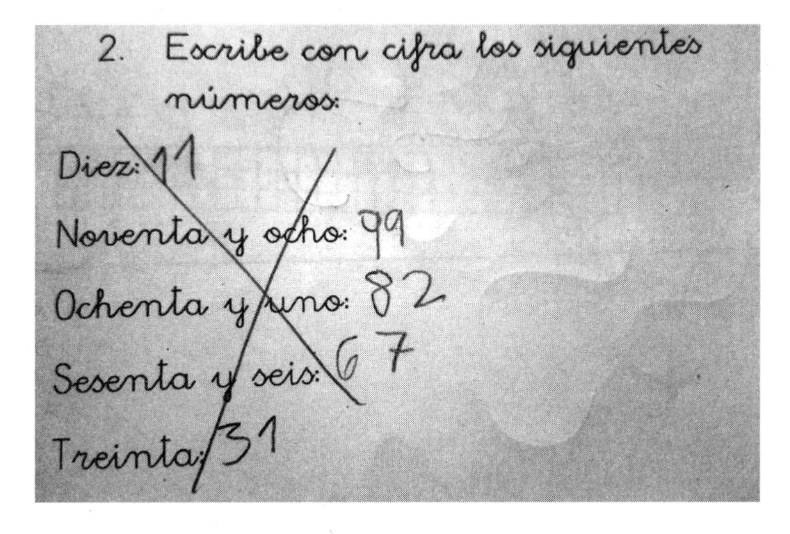

Fuente: Ignacio Bárcena, @nachobbb (Twitter).

—No sé por qué lo tengo todo mal —preguntó Esperanza.

—Es que has puesto el siguiente número, correcto, pero el siguiente —le contesté.

—Claro, lo que pedía la seño: el siguiente. No entiendo.

—La seño cree que tenías que haber puesto 10, 98, 81 y 66.

—Pues se ha confundido... ¡Cómo ha podido pensar que fuera tan tonta! ¡Como voy a equivocarme en todos! ¡Cómo ha pensado que puedo tener todos los primeros números bien y todos los segundos mal!

Esta niña sacó en Matemáticas, de nuevo, un R-M: *regular-mal*. Era su nota más repetida en los ejercicios de esta asignatura. «Regular-mal» quería decir que solía equivocarse por poco, pero que estaba mal. Ella se preguntaba por qué no le ponían *bien* casi nunca. Mientras, aceptaba que se le daban mal las Matemáticas. Pero la verdad es que se le daban estupendamente. En Secundaria escogió *letras* para huir de las Matemáticas más difíciles.

La seño se lo dejó claro al corregirle la tarea:

—Tienes que aplicarte, no puedes ir por ahí poniendo lo que se te ocurra, sino lo que se te pide. Has de fijarte, leer bien el enunciado de lo que te piden. Tienes que poner más empeño.

Pero lo ponía y se había aplicado.

Menos mal que en la evaluación sacó un seis, al menos.

Las Matemáticas eran la asignatura que menos le gustaba.

—¿Y cuál es el maestro o maestra que menos te gusta o menos cariño te demuestra? —le pregunté otro día.

—La de Matemáticas —no dudó.

Una sugerencia concreta de las posibles
APLICACIONES A TU HIJO

Volvemos a sugerirlo: siempre preguntar POR QUÉ se hace algo que parece disparatado o erróneo simplemente. Si lo hacemos, enseguida descubriremos la razón, probablemente sorprendente.

14

OTRA GENIALIDAD: LA DE QUIEN AMARRA

Lee y resuelve.

En la caja había 10 caracoles. Ahora solo quedan 2. ¿Cuántos caracoles faltan?

10 - 2 = 8

Solución ▶ poner un tapon encima

al fotocopiable © 2014 Santillana Educación, S. L. Matemáticas 1 43

La suerte es que este niño vio que el ejercicio también le pedía rellenar unos cuadros con números en una resta. Si no, quizás se hubiera contentado con contestar lo importante de verdad: lo del tapón. Esa era la solución. La pensó uniendo el área de deducción de su cerebro (a la izquierda de su cabeza) con el de la creatividad e imaginación (a la derecha), los que se emplean a la vez cuando hay que dar una solución no memorizada. Pero el profesor esperaba que utilizara el cálculo matemático (a la izquierda), sin necesidad de imaginación ni creatividad. La verdad es que, en ese mismo problema, pero sacado del papel y llevado a la vida real, a las matemáticas de verdad, hay que utilizar muy diferentes partes de la cabeza si se quiere dar con una solución que lo resuelva de verdad, lo que es mucho más que con una solución solo matemática. En la realidad, el tapón resolvería el problema, y la resta, la operación que contenía el problema.

Este niño estuvo a punto de equivocarse y sacar un *mal* en lugar de un *bien*. Pero fue precavido y contestó de varias formas posibles a la vez; podía haber optado por una. Quizás lo hubiera hecho si no hubiera encontrado la pista de que tenía que rellenar unos cuadrados, pero también encontró unas líneas y decidió rellanarlo todo. Pero ni en la vida real ni en las matemáticas reales hay líneas o cuadrados como pistas, sino necesidades de soluciones acertadas: las que sean.

Su habilidad estuvo en la operación; su genialidad, en el tapón.

La comunicación no verbal de la profesora al anotar la B de *bien* es significativa: la puso en la zona de la operación, lo más alejada posible de la respuesta correcta de la solución mediante un tapón.

Pero otra niña no cayó en amarrar, porque no vio los cuadros de la operación:

Otra niña, en un problema curiosamente muy parecido, lo resolvió correctamente, de otra forma, y le pusieron M de *mal*. Veamos cuál fue su problema con los caracoles y su respuesta acertada, confundida como errónea:

Su contestación fue: 8//

—*¿Por qué?* —se le preguntó al llegar a casa.

—*Porque salen de su casa, pero sigue habiendo ocho en la cesta. ¡Qué importa que salgan o no salgan!, siguen contando como caracoles. Todos son caracoles, los que están fuera de sus caparazones y los que no.*

Ella entendió —correctamente— que el término verbal *salen* no afectaba a la cesta: no salían de la cesta, sino solo a la concha del propio caracol. Era posible, porque son dos las interpretaciones posibles y ella entendió una cierta. Pero no tal y como hubiese querido quien redactó el problema ambiguamente, por las prisas. En el aprendizaje no se puede hacer trampas y menos cometer errores por prisas.

Lo cierto es que la persona que lo redactó no tuvo en cuenta lo que escribía en todos los sentidos posibles y cometió un error de lenguaje, porque le cegaba la operación que tenía en mente antes de escribir el enunciado, pero, cuando un alumno o alumna lee un problema, ha de leerlo sin prejuicios: no sabe aún la operación por realizar, sino que se deja llevar por lo que dice el problema, no por lo que quiso decir su autor. Hubiese bastado que la redacción fuese «salen de la cesta» y todo resuelto.

Cuando un profesor o profesora dice «no se fija bien», «le cuesta entender el enunciado de los problemas», «no lee bien los problemas», mi experiencia confirma que lo que debería decir es: «Este enunciado está mal redactado y tiene puertas abiertas a la doble interpretación o a una imaginación mayor que la que tuvo el redactor».

Son errores de redacción, no de lectura. Seamos justos. Qué puede esperarse de un docente que empieza no siéndolo en esto y ni siquiera pregunta POR QUÉ cuando nota algo extraño. La respuesta del alumno le confirmaría la errónea redacción, que sin el alumno no descubriría por sí solo el profesor o profesora. Porque, sencillamente, ambos estaban en partes diferentes de sus cerebros. Nada recriminable, pero para ninguno de los dos.

En la vida real, tener en cuenta este matiz de todo lo que puede significar cada palabra que conlleve el enunciado es una necesidad, que solo tienen en cuenta los más inteligentes y los que sobresalen. Tener en cuenta todos los matices posibles, en la vida real y en las matemáticas universitarias, es más importante de lo que parece. Pocos se dan cuenta de ello y menos a la edad de esta niña: una genialidad, castigada con una M.

Una sugerencia concreta de las posibles
APLICACIONES A TU HIJO

De nuevo el POR QUÉ. Cuando se le pregunte a un hijo o hija algo, hay que estar dispuesto a que no responda lo que tenemos previsto que responda. Si sabemos que sabe algo, no hay que preguntarlo, a no ser que queramos que quede bien y él o ella no sepa que sabemos que lo sabe.

Salvo que resulte muy educativo, hemos de evitar preguntar lo que sabemos. Por ejemplo: «¿estás estudiando?», si sabemos que no; «¿tienes algo que estudiar?», si sabemos que sí; «¿ya te lo sabes?», si sabemos que no; «¿te parece bien lo que has hecho?», si sabemos que sabe que está mal; «¿dónde has estado?», si se supiera; etc.

No preguntemos, a nadie pero a los hijos menos, si no queremos que respondan.

Es mejor escuchar, atender, saber y reaccionar inoculándole amables antídotos a lo que aún no está educado que convertir los diálogos familiares en interrogatorios con trampas para demostrar que se lleva razón.

Si se sabe que no está estudiando, es preferible decir: «Creo que deberías estudiar un rato para que te dé tiempo a ir mejor»; si sabemos que no está bien algo que ha hecho, digámoslo sin trampas; si ya sabemos algo, afrontémoslo directamente con serenidad y sin enfado, o no lo hagamos y directamente anotemos que en aquello no actúa bien aún, y preguntémonos cómo hay que enseñarle lo que no ha aprendido a hacer o escoger bien todavía.

Hagámoslo sin necesidad de que lo relacione con que hemos advertido su carencia. Es más eficaz así la educación, además de más amable para todos.

15

HAY VERDADES QUE COSECHAN SOLO MALAS NOTAS

Otro tipo de genialidad incomprendida fue la de este chico en un examen de Matemáticas:

El alumno lo dejó vacío. El profesor lo quiso animar diciéndole que problemas como ese habían hecho muchos en clase, que se acordara. Él se acordaba, pero habría sabido el profesor la respuesta conveniente a los dos si hubiera preguntado a su alumno:

—*¿Por qué no lo haces?*

Y el niño hubiera contestado, como contestó a su padre:

—*Porque no se puede hacer.*

Y si a tan extraña respuesta hubiera vuelto a preguntar el docente: «¿Por qué no se puede hacer?»; entonces hubiera obtenido la respuesta real:

—Porque faltan datos. No se puede hacer, porque no dice cuántas veces se para en el camino el motorista ni cuánto tarda en cada parada. Porque, si va a 72 km/h, supongo yo que se pararía alguna vez a descansar. Nosotros nos paramos una vez —dijo mirando a su padre— *y el coche va a ciento y pico por hora, así que en la moto, que va más despacio, digo yo que se tendría que parar y no se puede calcular sin saber cuánto está parado.*

Este chico hubiera sido un gran matemático, mejor que su profesor, porque tenía en su cabeza las variantes que no tenía el profesor de Matemáticas escolares. Variantes que hacen falta para cualquier cálculo matemático real. Al profesor le hubiera bastado añadir «a 72 km por hora, sin pararse» y el alumno, aunque le hubiese parecido extraño, lo habría aceptado. Pero el profesor, seguramente, copió el problema más que imaginar todas sus posibilidades, y, si lo hizo, se le escapó una.

El alumno dejó de estudiar Matemáticas en cuanto pudo e hizo Psicología, por letras. En la vida, resolverá más problemas reales que su profesor. Así lo está haciendo ya: la realidad siempre se impone.

Teresa contestó segura; la profesora lo entendió, pero alguna compañera no

En clase de la asignatura de Lengua, la profesora pidió:

—Escribid un sustantivo que sea incontable —«que no puede contarse», según la Real Academia Española.

Teresa contestó muy segura:

—Cero.

La profesora, con poca experiencia, pero la mejor profesora de aquel colegio asturiano, como se demostró con el tiempo, comprendió a la alumna.

Temió lo que opinaría el resto del alumnado, por la inexperiencia. Y, en efecto, una compañera protestó rápidamente.

La profesora (en un segundo ingenuo, pero intenso, por lo poco que llevaba en el centro) temió que llegara a oídos de la directora y que probablemente no lo entendiera; que pensara que confundía al alumnado admitiendo la interpretación extraordinaria de Teresa. No llegó a pasar.

La profesora le dijo a la niña que protestó y había reclamado el error para su compañera:

—*Está bien. Fíjate, porque se puede decir un cero, dos ceros, tres ceros.*

—*¡Ah!* —contestó la compañera envidiosa.

—*¡Uf!* —respiró la profesora.

Nadie más protestó. A algún padre quizá también le extrañaría que la profesora le diera la respuesta como correcta y le pusiera un *bien*, si llegara a enterarse.

El cero había sido solo una genialidad, incomprendida, pero igual de genial y acertada.

Para los sabios griegos (Platón y Aristóteles, entre ellos), el vacío y el infinito no existían. Creían que lo que existe es uno, la unidad. Que la nada no es y no puede escribirse en números lo que no es, lo que no existe, sino solo lo que sí es. Pero no tenían —ellos entonces ni nosotros ahora— la capacidad de abstracción suficiente para poder escribir lo que no es, lo que es inexistente.

Los seléucidas babilónicos escribían nuestro 205 así:

2 5

Con un espacio intermedio. En comparación con 25 o 255, que escribían más juntos, para representar veinticinco y doscientos cincuenta y cinco.

Era incontable. Teresa, aquella buena alumna de la buena profesora, había dado con una genialidad, conectada con la concepción clásica, defendida en el siglo IV a. C. por Aristóteles y por Alejandro Magno. Quién puede poner en duda a tan grandes sabios, sea una compañera de 4.º, una directora o una madre o padre.

Una sugerencia concreta de las posibles
APLICACIONES A TU HIJO

Las respuestas, si el enunciado está incompletamente redactado, dependen de la zona del cerebro en el que se encuentre el receptor del problema, que se encuentra con múltiples opciones abiertas por defecto de redacción. Si el profesor está en la operación y hemisferio cerebral izquierdo, el alumno puede estar en las sensaciones que tiene el motorista y, por tanto, hemisferio derecho. Como el cerebro es uno, basta, o bien pedir operaciones y no hacer problemas si no se quiere que se imagine ni se ponga uno en el lugar del protagonista descrito en el problema, o bien preguntarle POR QUÉ encuentra la dificultad que encuentra: nos asombraría. Muchas veces no es por no haber estudiado o no haber atendido. O, si lo fuera, mejor para el docente, que sabría que aquello no se lo enseñó al alumno, porque el alumno no lo aprendió.

Tiene que notarse que lo importante no es evaluar y saber si atiende, trabaja, estudia o no, sino lograr que aprenda lo que necesita, que quiera hacerlo y lo haga. Si no lo logra, habrá que cambiar de medio, porque ese es el fin, sin duda.

15

LA TRAMPA DE LA FALSA CREATIVIDAD

Otro tipo de aciertos incomprendidos a veces pasan sin descubrirse toda la vida. Como esconde la siguiente genialidad, de Esperanza, que por poco pasa oculta para siempre.

A una profesora de Primaria —en Córdoba— le pareció que estaría bien, para fomentar la creatividad de su alumnado (según les dijo), hacerles el siguiente ejercicio de tarea: pedirles que dibujaran conceptos abstractos. Por ejemplo, que dibujaran «lo fácil», «la Verdad»... Interesante ejercicio, sin duda.

Esperanza dibujó, con su propia letra, en la primera cuestión («lo fácil»):

1+1

Y en la segunda («la Verdad»):

sí

Entonces dijo la profesora: «Ahora dibujad “la velocidad”». Y Esperanza sacó aún más genialidad, ya habiendo calentado motores.

Este fue su dibujo:

La profesora creyó que no lo había hecho, que no se le había ocurrido nada, y le puso la nota consecuente. No vio este detalle:

Al preguntarle a Esperanza por lo ocurrido, dijo:

—Es que mi seño no ha visto que es un hombre que ha pasado corriendo desde la derecha a la izquierda y solo se ve el final de su pie, porque la velocidad ha hecho que pase tan rápido que no se ve el hombre, sino solo la velocidad.

Se quedó con la nota negativa por no haberlo hecho.

Una sugerencia concreta de las posibles
APLICACIONES A TU HIJO

Para paliar los errores de ir tan rápido por la vida, también sirve preguntar «¿POR QUÉ NO lo has hecho?», «¿no se te ha ocurrido nada o es que quieres decir algo con esto?». Hubiera bastado.

El problema es los docentes, los padres y las madres, estamos demasiados acostumbrados a llevar la razón y saber más, lo que es cierto hasta el primer año de vida, no siempre después. Se da por hecho que no se le ha ocurrido nada porque no vemos nada. Juzgamos demasiado, con consecuencias, sin preguntar apenas.

Cambiar la costumbre ayudará a todos: la autoridad será mayor, como el aprendizaje, la relación y la autoestima de ambos, y se evitarán injusticias como esta.

17

SANTI ES UN GENIO

Santiago es un chico que mostraba su genialidad desde inicios de Primaria. Con problemas escolares, intolerancia a la contrariedad y celos. Fue superando los tres con enorme madurez, sensibilidad y decisión, porque era un genio. De manera que rompió el pronóstico que numerosos docentes le auguraban y fue pasando de curso, cada vez con mejores resultados.

Era una gozada poder charlar con él un rato, *online* o presencialmente. La primera vez que hablé con Santi él estaba en 3.º o 4.º de Primaria; su buena madre y buen padre estaban al límite de la desesperación, en la que no cayeron nunca: por genios. Aquella primera ocasión yo hablaba con él desde un hotel antes de una conferencia, creo que en Barcelona. Me impresionó.

Toda su vida es una genialidad vivida contra los augurios.

Desde pequeño era capaz de cualquier cosa: diseñar un disco y cantarlo, dibujar... Se le daba bien todo y en todo solía fracasar: Matemáticas, sintaxis, Historia, lectura, Ciencias, Tecnología, incluso en amigos... Podría poner muchos ejemplos, incluso los diseños que con solo quince años hizo para Nike y que este próximo invierno le regalará altruistamente a la empresa en un dosier, repleto de diseños para calzado (porque sí, por si a Nike le viniese bien alguna de sus ideas: gratis). Nada presuntuoso si se vieran los diseños, que no reproducimos aquí para respetar el dosier inédito que mandará a Nike.

Tiene dieciséis años. Sus notas no son desastrosas, son normales: un suspenso en Matemáticas, quizás sobresaliente en Educación Física... en las demás, *notables* y *bienes*. Quiere mucho a su padre, a su madre y a su hermano pequeño y está aprendiendo a pasos agigantados a demostrar su cariño. Todos son admirables, por separado y juntos. Aunque muchos no lo verían si no se fijan en la forma de hacer las cosas, sobre todo en la de Santi. Pero, aunque muchos otros ejemplos se hubieran podido poner (porque quien es genial derrocha genialidad), me fijé en Santi para este capítulo por lo que hizo este curso en Educación Física.

El profesor les propuso hacer un trabajo sobre una actividad deportiva. Ahí está. Quién no ha hecho un trabajo así. Pero él entregó lo siguiente:

— Un proyecto de cómo organizar una *gymkhana* con la temática del reciclado en Fornells (Menorca), donde residía. Contenía el proyecto: planificación, necesidades, secuencialización, temporalización, publicidad, autoridades asistentes, promoción, difusión, repercusión y financiación.
    — Logo de la gymkana.
    — *Merchandising* para la *gymkhana*.
    — Cartel anunciador para colocar por toda la comarca.
    — Vídeo promocional.
    — Posibles patrocinadores para la *gymkhana*.

El logo que ideó fue:

Entre los elementos de *merchandising* que me mandó, creados por él, e incorporó al trabajo figuraban:

Camiseta con el logo de la Carrera Ecológica, con una fotografía de Fornells por detrás.

Botellas para el agua y toallas, con los dos logos de la Eco Race.

Bolsa para transportar lo necesario y sudadera.

Incluso hizo y editó el vídeo promocional, que se puede ver en Instagram, con imágenes como estas:

Este es Santi durante su exposición en la clase, en el instituto:

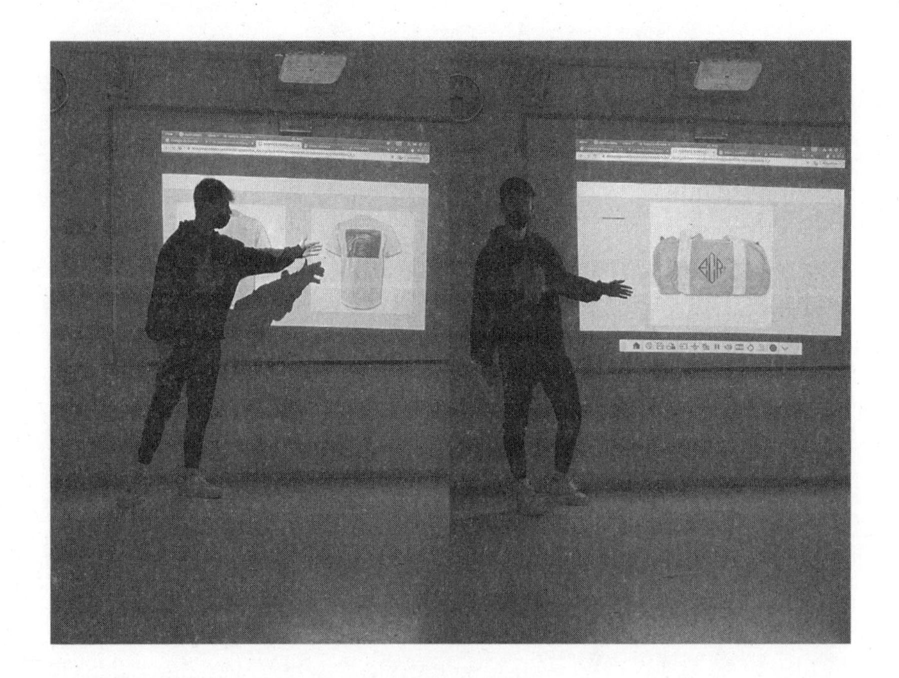

Le dijeron: «Está muy bien, sobresaliente».

La pregunta es: si Santi derrocha a sus dieciséis años tanta genialidad que le piden un trabajo sobre una actividad deportiva y organiza un evento tradicional para un pueblo, ¿cómo no se aprovecha más de esta genialidad y, sobre todo, en todas las demás actividades y asignaturas que hace?

Al recibirlo por WhatsApp, le dije:

—¡Pero Santi, esto es profesional! Deberías pasárselo al ayuntamiento y que lo llevara a la práctica.

—A ver si el profe quiere. A mí, con el sobresaliente y con habértelo mandado a ti, ya me vale.

Espero que ninguna empresa se lo pierda por desconocimiento. En cuanto termine la carrera de Diseño, en cuatro o cinco años, será un portento y un tesoro para cualquier compañía. Es genial.

¿Lo descubrirán a tiempo?

Estoy seguro. No todas las empresas son ciegas.

Una sugerencia concreta de las posibles
APLICACIONES A TU HIJO

Las notas nunca reflejan la realidad, sean buenas o malas. Además, siempre se quedan cortas, incluido el diez.

El tiempo pondrá a todo el mundo en su sitio, pero conviene hacer un esfuerzo por descubrir dónde está la madurez y cómo ya nuestro hijo o hija puede disfrutar haciendo cosas de adulto, si lo pide.

Si no pueden ponerse puertas al campo, mucho menos a la genialidad de un hijo o hija. Soñar en grande es hacerle volar alto, se vaya lejos o se quede cerca.

18

EL COMITÉ DE EXPERTOS Y EXPERTAS SOBRE EL FRACASO ESCOLAR Y MÁS GENIALIDADES

Estamos, con todos estos ejemplos, sensibilizando nuestra observación para descubrir la genialidad a tiempo, a nuestro alrededor. Sobre todo, de la gente que nos importa.

En este caso, ponemos un ejemplo de genialidad colectiva: de cómo se contagia y de sus consecuencias a largo plazo.

En el año 1999, un comité de seis expertos y expertas en educación, con años de experiencia, sacaron una serie de conclusiones en cuanto a cómo evitar el fracaso escolar. Su informe definitivo, tras largas jornadas de debate, se expuso al público el 14 de abril en una capital de provincia española, para darlas a conocer a pedagogos y educadores interesados, familias y la comunidad científica española.

Sus conclusiones fueron:

1. El fracaso escolar, como el éxito, está estrechamente relacionado con la relación afectiva establecida entre el alumno o alumna y el docente que lo evalúa.
2. Tiene su base en la carencia de recursos intelectuales adquiridos durante la Primaria, tales como: técnicas de estudio aplicadas a cada asignatura en concreto; la capacidad lectora y redactora de los alumnos y alumnas, la capacidad de subrayar, de esquematizar, sintetizar y resumir.
3. Convendría en las aulas hacer más ejercicios que facilitaran una mejor memoria, concentración, deducción, exposición oral y escrita a los alumnos y alumnas.
4. El fracaso tiene también en su base la falta de ánimo, motivación y autoestima de cada alumno y alumna. Por lo que,

para combatirlo, habría que aumentar la autoestima, la motivación y el ánimo ante las dificultades en todos.

5. Ayudaría también hacer más trabajos en equipo, de temática elegida por el propio alumno o alumna, dentro de la unidad que se trate.
6. También sería de ayuda evaluarlos, además de por los exámenes, por cómo desarrolla cada alumno o alumna sus capacidades en cada asignatura, teniendo en cuenta la diferencia de cada uno.
7. Todos deberían disponer de más oportunidades para rellenar sus lagunas sin repetir.
8. Deberían estudiarse nuevos modos para hacer que la metodología con la que se explica sea más atractiva y el alumno pueda participar más, aprender lo importante solo y hacerlo de una forma más estimulante que mueva a todo el alumnado, con independencia de cómo sea, animando también al que cree que se ha descolgado y desanimado para que vuelva a animarse y engancharse. Teniendo en cuenta también a aquellos que obtienen ya buenos resultados y cuyas capacidades necesitan aprender más y cosas más atractivas e importantes para su futuro.
9. Deberían reconocerse más los pequeños avances en las calificaciones, no solo las medias resultantes. Así, se animarían más todos.
10. La relación entre el centro escolar, los alumnos y alumnas y sus familias debería ser más positiva, y todo el mundo debería tener la oportunidad de cambiar y ganarse el aprecio en el centro.
11. Todos, familias y profesorado, deberían centrar más sus esfuerzos en enseñar gustosamente, que sea un placer aprender. Que no sea algo punible, negativamente, el no aprender como quiere y cuando quiere el docente. Abrir más las posibilidades de cómo se puede aprender lo que haya que aprender, y que sea igual de bueno saberlo hoy que mañana, si se aprende de verdad.
12. Exigir, exigir mucho, porque los alumnos y alumnas son capaces de mucho. Pero solo si les servirá para algo y amablemente, sin tener que hacerles quedar mal ante sus compa-

ñeros. A los alumnos y alumnas no les importa equivocarse y aprender para no volver a errar, lo único que les importa es quedar mal delante de los demás y disgustar a sus padres y madres. Si esto se evita, aprender será siempre positivo.

Las guardo recogidas. El portavoz de aquel grupo de expertos y expertas que las defendió se llamaba José Antonio, era un alumno de 5.º de Primaria. Yo era el director del centro donde estudiaba, en Cáceres. Solo actualicé la terminología y no cambié nada, ni quité ni puse. La comisión de expertos y expertas (cuatro alumnos y dos alumnas) en aquel 1999 fue designada, en elección secreta e individual, por el resto de sus compañeros y compañeras de curso en aquel Colegio Internacional San Jorge.

Se les pidió que reflexionaran juntos al respecto. Tuve el honor de presenciar su exposición final, con orgullo. Fue una genial exposición con geniales conclusiones. Se envió a la prensa. Muchas autoridades, veintitrés años después, podrían hacerlas suyas con provecho hoy.

Conformaba el comité de expertos y expertas alumnado de sobresaliente y también repetidor en anteriores colegios. Aún recuerdo la cara de Elena, una de las alumnas expertas, cuando, al exponerles el trabajo, darles documentación y proveerlos de horas durante la semana para hacerlo (dos horas diarias de reuniones y trabajo en la biblioteca, creo recordar), me preguntó:

—*¿Pero puede ponerse cualquier cosa que descubramos y que pensemos?*

—*Cualquiera* —le dije.

—*Vale* —respondió, sin más. Pero creo que se comprometió en aquel instante.

Me hubiera gustado saber, para su inclusión en este libro, en qué situación se encuentra hoy cada uno de los seis expertos y expertas que estudiaron desde sus años de experiencia el fracaso escolar en 5.º de Educación Primaria, pero no lo he logrado.

Sí sé —porque lo apunté junto a sus conclusiones y lo tengo documentado— cómo acabaron aquel curso y los cursos siguientes en los que se aplicaron aquellas conclusiones, tras el beneplácito unánime de la dirección y el claustro de profesores y profesoras.

El resultado fue el 100 % de aprobados en junio cada curso en toda Primaria y Secundaria. Media de 7,8. Solo un 21 % con alguna nota de 5 en junio en alguna asignatura.

Fueron seis genios con geniales conclusiones. También fueron geniales sus profesores y profesoras, que estuvieron a la altura, sus compañeros alumnos y compañeras igualmente, sus familias y, en menor parte, la dirección.

Foto aérea actual del entonces Colegio Internacional San Jorge, en la carretera N-521, entre Cáceres y Malpartida de Cáceres.

Otras genialidades en aquel mismo terreno

Allí, situado el colegio como se ve en la foto actual —pero aún más aislado en aquellos primeros años, entre 1997 y 2000, en los que trabajé allí, antes de tener que marcharme a Zaragoza—, ocurrían cada día genialidades conmovedoras:

- Como que la segunda persona más importante del país —según el protocolo—, presidenta del Senado de España, fuese a entregar las Insignias a la Lectura a niños y niñas de tres años;
- que los periodistas Matías Prats y Lorenzo Milá les entregaran las becas a los mayores que terminaban el colegio y hablaran de comunicación, verdad y lo que hoy llamaríamos *fake news*;

Portadas de las revistas realizadas por los alumnos de la asignatura Medios de Comunicación Social del colegio.

— que Fernando Romay les hablara de incomprensión por haber sido un niño tan alto, de esfuerzo, compañerismo y valores en el deporte;

— que la elegante y sobria Edith Glynn, consejera de la Casablanca, de la UE y de la ONU y coordinadora europea de las ONG para la ayuda en Venezuela tras el paso del huracán Mitch, les explicara a los alumnos y alumnas de Primaria y Secundaria cómo se puede ayudar a levantar a otros tras una tragedia internacional y local;

— que el maestro de ajedrez nacional, maestro y también profesor de Filosofía en Bachillerato, enseñara en Primaria ajedrez con las Matemáticas y con las Matemáticas ajedrez y Filosofía;

— que los alumnos de Antonio y Charly, los profesores de Educación Física, aprendieran, junto con jugadores de la ACB, que el deporte es el mejor tablero para poner en práctica la coordinación, el desarrollo integral, al tiempo que los más necesarios valores, entre ellos saber perder y ganar;

— que los niños de Infantil no pintaran con lápices de colores, sino «con pigmentos para que cada uno y cada una pintara con su propio color verde, no el de Alpino prefabricado, sino cada uno con su propia mezcla original y su propio resultado de color», según había propuesto el genial y premiado pintor, escultor y escenógrafo, licenciado en Bellas Artes, Nacho Lobato, profesor en el colegio en Bachillerato, escenógrafo del colegio y que, además, dirigía el trabajo de plástica y creatividad en Infantil, junto con las profesoras especializadas en esa etapa...

— O el caso del bueno de Juan. Su padre, médico, llegó a mi despacho y me contó que a Juan le habían aconsejado un centro especial para escolarizarlo, debido a una falta de madurez, pero sin más diagnóstico médico.

Juan llevaba un año en aquel centro y no le gustaba. Por eso le había pedido a su padre que lo cambiara a aquel colegio nuevo que había abierto. El padre me pidió que le examinara para confirmar si podría o no estudiar en un colegio ordinario.

Yo había aprendido de mi padre, psiquiatra y pediatra, a discernir *grosso modo* si alguien era listo, muy listo, algo torpe o torpe, sin test, por observación, que era la forma más fiable junto con el relato de la familia, según me había enseñado mi padre desde los quince años y he confirmado toda mi vida.

Entrevisté a Juan. La primera pregunta fue suficiente:

—Oye, Juan, ¿por qué no te gusta de verdad el centro donde estás ahora y por qué quieres cambiarte a este?

—Porque allí los niños tienen problemas, han nacido ya con problemas o con enfermedad; y yo no soy muy listo, porque me cuesta, pero tampoco soy así. Yo quiero estudiar rodeado de niños que sean listos, aunque sean más que yo, con los que pueda aprender, jugar, que me acepten y sea más feliz... con ellos.

Eso dijo.

Juan acababa de terminar 3.º de Educación Primaria y decidimos hacer juntos cuarto.

Desde que entró se hizo fiel amigo de José Antonio, el más listo de la clase. Se hicieron uña y carne con el tiempo. La gracia, amabilidad, educación, bondad y serenidad de Juan le convenía y era una necesidad para José Antonio, siempre inquieto debido a su inteligencia.

Juan finalizó todos los cursos, desde 4.º de Primaria a 2.º de Bachillerato, con una media de notable y siempre fue uno de los alumnos más queridos y aceptados del colegio. Era un genio que había pasado demasiado tiempo desapercibido fuera de su casa: allí no y eso le salvó.

— O el caso de Sergio (creo que ese era su nombre, aunque dudo, pero no de su cara ni de sus notas).

Se presentó tras terminar 4.º de ESO, habiendo suspendido todas las asignaturas. Les pidió a sus padres no repetir 4.º en el mismo colegio, y el recientemente creado Colegio Internacional San Jorge parecía el más asequible, según ellos, para lograr mejorar sus notas.

Cuando llegó a la entrevista, encontré varios problemas:

1. Las lagunas de conocimiento se habían acumulado durante toda la ESO. Sabía poco de Matemáticas, Lengua e Inglés, consideradas entonces, y aún ahora, básicas.
2. Su actitud era chulesca, fría, desconfiada más bien. Parecía justificar su historia más que aceptarla. Poco dócil, con gran inteligencia según se manifestaba (también por observación). Aunque es verdad que intuí en él que quería cambiar y vengarse de sus anteriores notas y de la impresión que habían sacado siempre de él.
3. Los propietarios del colegio, unos empresarios de la ciudad, me habían aconsejado y pedido: «No cojas a nadie que venga con malas notas, para no crearnos mala fama». Aunque en mi contrato de director había exigido que pusiera explícitamente que la admisión del alumnado y profesorado solo dependiera de mi criterio. Pero era un obstáculo y un riesgo.

4. Se nos echarían encima las demás familias y la competencia escolar de la ciudad si no salía bien aquel alumno.

Le conté estos cuatro obstáculos a Sergio, delante de su padre. Y le pedí al propio Sergio que él me aconsejara e incluso que decidiera por mí, si su compromiso era firme y sincero.

Me dijo que no dudara en cogerlo. Que me alegraría.

Cuando lo cogimos, el centro del que procedía no tardó en divulgar que éramos un centro de tan pobre nivel y exigencia que acogíamos a cualquier alumno repetidor porque lo propio nuestro era hacer negocio con cualquier matrícula.

Los propietarios me transmitieron preocupados estos comentarios que corrían por la ciudad, muy preocupados, y me manifestaron que creían que me había equivocado por exceso de bondad, por ingenuidad o por demasiado idealista.

Lo transmití a su vez al claustro e hicimos el mismo plan que con el resto de los alumnos, confiando en Sergio.

Una excelente profesora, jefa de estudios, Isabel, preguntó:

—¿Quieres que diseñemos un plan de refuerzo especial con él?

—Hagamos lo que hacemos con todos. Si acaso, un plan de refuerzo de cariño, de estima, de aprecio, solamente eso. Confiemos en él y en nosotros.

Fue así. Y esperamos.

Otros padres y madres de otros alumnos del centro transmitieron también su preocupación. El centro de donde procedía Sergio tenía mucho prestigio en la ciudad y nosotros ninguno.

Pero seguimos esperando.

Al final de hacer 4.º de ESO, por segunda vez, sus notas fueron en todas las asignaturas de sobresaliente. Hoy lo hubiera diagnosticado de alta capacidad intelectual (ACI), entonces no supe.

Cuando todo el mundo supo que había sacado en todas sobresaliente fue peor.

El colegio anterior difundía ahora un hecho irrefutable:

> «Si en un colegio con prestigio y tradición sacó en 4.º de ESO todas suspensas y en el colegio nuevo, sin tradición, en las mismas asignaturas saca todas sobresaliente, solo unos meses después, es que el nuevo centro exige poco o regala las notas por la mera matrícula».

Los propietarios, otras familias del colegio y media ciudad pensaron lo mismo. El claustro y la dirección, no.

Aguantamos. Seis evaluaciones: las tres de 1.º de Bachillerato y las tres de 2.º. En todas repetía las notas: rara vez un notable.

Solo se supo la verdad públicamente cuando Sergio sacó la segunda mejor nota, creo recordar (o al menos una de las cinco primeras), de la provincia en Selectividad, la prueba de acceso a la universidad.

Entonces muchos respiraron. Porque Sergio llevaba respirando desde el primer mes.

Era sencillamente genial, paciente y un genio. Lo seguirá siendo, sin duda.

Estos son algunos de los muchos ejemplos que podría haber puesto de cada profesor y profesora aquellos años, entre 1997 y 2000, donde un conjunto de genios se reunió en Malpartida y tuve la suerte de vivir junto a ellos.

Ya no existe el colegio, porque recientemente se cerró por cuestiones económicas y entiendo que, sobre todo, porque ya se habían cubierto otros intereses y el altruismo no era su espina dorsal, como lo es siempre en las instituciones educativas que duran siglos.

Con todo, siempre fue mi mejor colegio.

Quizá por el grupo de genios que acumulaba aquellos años, entre el alumnado, sus familias, amigos que nos alentaban (Luis Carlos, el que más), el profesorado sin excepción y también sus propietarios, durante aquellos pocos años en que aprendí tantas genialidades de todos y todas y que solo se acabaron por una promesa personal.

Una sugerencia concreta de las posibles
APLICACIONES A TU HIJO

Nadie es esclavo de sus notas. Se pueden cambiar siempre. Hay que preguntarle a quien sepa cómo hacerlo. La cuestión suele estar en aprender de verdad a estudiar algo, a memorizarlo y a exponerlo en los exámenes. Pero siempre, detrás, lo importante es el compromiso personal, la espera del cambio, la paciencia. Cuando alguien tiene poco que perder es fácil ganar mucho.

Confiar en los hijos o hijas es el primer paso, aunque parezca que será inútil. Nunca lo es. Un día, cuando nadie lo espera, se obra el cambio, si ponemos los medios y esperamos serenamente, soportando bien la presión de que otros no confíen.

19

CÓMO SABER QUE NOS QUIEREN

Las genialidades más importantes son las que salen del colegio para aplicarse en la vida.

La genialidad de Diego se manifestó al poco de conocerlo.

En 1.º de Bachillerato iba al colegio en coche, porque tenía dieciocho años y había repetido un año al inicio de la ESO. El coche se lo había comprado con sus trabajos como modelo para prestigiosas firmas. Era muy inteligente, sensible, cariñoso y genial.

Un día apareció en mi despacho, yo era profesor suyo.

—Fernando, quisiera saber cómo podría lograr que me quisieran por mí, por mi forma de ser, por mi persona, y estar seguro de que no se me acercan o fingen que me quieren por lo que consiguen al estar conmigo: al ser modelo, tener dinero, coche...

Hablamos mucho de aquel asunto.

Al final, le dije:

—Piensa en todo esto y dime qué conclusión sacas pasado mañana, si te parece.

Le dije «pasado mañana» porque había aprendido de un poeta amigo mío, Vicente Núñez —un genio, genio—, que las cosas no se podían apreciar en su realidad si no pasaban al menos veinticuatro horas.

Al cabo de los dos días vino Diego y me contó su conclusión:

—He llegado a una conclusión extraña. Que para estar seguro de que me quieren por mí e incluso para provocar que me quieran solo por mí, no por interés, solo hay una forma: no sacar el coche,

para que crean que no lo tengo, y, para eso, mejor venderlo. Vender el coche, por tanto. No enseñar tampoco a nadie que tengo dinero, ahorrarlo con discreción y no presumir invitando. Tomar solo dos o tres copas máximo, para parecer que no tengo dinero, y así no me querrán por mis invitaciones ni mi dinero. No actuar como si fuera modelo. No presumir.

Lo contaba con decisión. Pero, en ese momento, se paró en seco, algo turbado, y añadió:

—Pero con mi cara no puedo hacer nada, no puedo ocultarla.
—No te preocupes, hay muchos más guapos que tú.

Aún hoy sigue cumpliendo con esas conclusiones que extrajo hace muchos años. Es un profesional reconocido, discreto. Aún sin encontrar la mujer que le quiera más que a ninguno; con un tinte de soledad que, según él, «es el pago a tanto exceso de juventud». Aunque, por lo que sé, está a punto de reconocer a esa mujer en una amiga de la infancia.

Una genialidad, esta conclusión por parte de Diego, a la que llegó con solo dieciocho años, cuando muchos tardan más y otros no llegan a concluirla nunca, pese a su conveniencia.

Una sugerencia concreta de las posibles
APLICACIONES A TU HIJO

A cualquier edad, desde el segundo año de vida, merece la pena hablar y escuchar mucho a los hijos e hijas, sobre todo lo que sea aplicable a las cosas importantes de la vida: sus reflexiones y conclusiones. Las nuestras las necesitan, pero más aún necesitan saber, apoyados en nuestra complacencia, que son capaces de generar buenas conclusiones. Y eso se aprende con la práctica que debemos proporcionarles. Su genialidad las generará. Solo hemos de estar alerta.

Conviene hacerles distinguir premisas de conclusiones. Para ello, basta decir: «Me parece muy buena conclusión esa a la que has llegado, no es habitual que alguien con tu edad sea capaz de sacar tan buenas conclusiones, que sirven para la vida». Y, si creemos que su conclusión requiere una matización, añadamos: «Como en la vida real, que cuando...»; y hagamos nuestra disertación, pero animados por la genialidad suya.

Si no se ha hecho de pequeño, da igual comenzar de mayor, sin límite de edad.

Si sus conclusiones (por ejemplo, sobre política, valores o religión) son muy diferentes a las nuestras, convendrá hacerlo igual:

«Sabes que yo opino esto, el abuelo me lo enseñó también, pero me encanta que tengas tu propia forma de ver las cosas; en parte llevas razón, aunque disintamos en otras. Me gusta oír lo que piensas. Me enorgullece que lo hagas por ti mismo y no siguiendo la opinión de otros —por si acaso está siendo influenciado demasiado—, ni siquiera la mía o la de tu abuelo».

20

«HOY NO VOY A TRABAJAR»

La genialidad combinada con el afecto, si el adulto es hábil, se convierte en mayor afecto.

El primer colegio donde impartí clases, en Huelva, era bueno; se llama Entrepinos. En él había y sigue habiendo un profesor, Sebastián Jara, al que, con mis treinta años de docencia, sigo considerando el mejor profesor de Infantil que he conocido en las cuatro comunidades autónomas donde he trabajado como docente. Tiene gran autoridad a la par que gran maestría. Pero a la altura de su genialidad estaba también su alumnado.

Un día, un alumno nuevo aquel año, de seis años, se quedó estático con sus brazos cruzados sobre la mesa, cuando el profesor había señalado que era tiempo de comenzar a trabajar en lo que tenían entre manos aquella semana del primer trimestre.

—*¿Qué te pasa, Iván?* —le preguntó el profesor.

—*Hoy no voy a trabajar.*

—*¿No quieres trabajar hoy? ¿Cómo es eso? ¿Te pasa algo?*

—*No, es que hoy no voy a trabajar y ya está.*

—*Bueno, si no quieres trabajar hoy, hoy no trabajes. Quédate ahí, tranquilo, y, si luego tienes ganas de trabajar, trabajas. Pero mira cómo lo hacen tus compañeros, mira qué bien están trabajando, cada uno en lo suyo. Luego, cuando tú quieras, me avisas y te pones a trabajar con los demás. Mientras, quédate ahí como tú quieras. Tú decides. Después, si te parece, te pones a trabajar y ya está.*

—*Eso no va a pasar.*

—*Bueno, pero aquí hemos venido a trabajar y tú trabajas muy bien, que yo lo he visto otros días. Mis amigos, ¿ves?, están trabajando* —dijo Sebastián, señalando al resto.

—Yo no soy tu amigo.

—Pues yo tengo aquí muy buenos amigos. Yo os quiero mucho y tus compañeros son mis amigos. Ven, mira, te voy a enseñar lo que me escribió un compañero tuyo el otro día.

Lo invitó a levantarse y se acercaron los dos a un dibujo de otro alumno, que estaba en la puerta de salida del aula:

—Pues vaya amigos tienes. Magnífico *se escribe con g* —dijo Iván.

—Son fallos que todavía se tienen, pero aquí todos somos amigos y venimos a trabajar, cada uno a su ritmo, y trabajamos muy bien. Pero tú, si no quieres hoy, no trabajes, aunque espero que mañana sí quieras.

—No creo.

Y el profesor se sentó sin hacer nada. Los demás trabajaban en Matemáticas, cada uno por donde debía. Sebastián se puso igualmente a trabajar en su mesa. Iván echó la cabeza entre sus propios brazos, para dormir o evadirse.

Pasó así un rato.

El profesor se acercó a ver lo que hacía un compañero cercano que lo había requerido. Al pasar por Iván, Sebastián se paró en Iván y, con cariño (y genialidad del maestro bueno: paciencia + saber + psicología + pedagogía + sentido común + … es decir, todo lo que era Sebastián, unido), le dijo en voz baja:

—Iván, tú también eres mi amigo y yo soy amigo tuyo, aunque hoy no trabajes porque no quieras. Ya lo harás cuando veas que puedes, como los demás. Lo importante es que somos amigos —y lo dejó en su mesa tranquilamente.

Al cabo de casi diez minutos, cuando todos trabajaban, todos al mismo tiempo, pero cada uno en lo suyo, incluido el profesor, Iván se levantó y se acercó a Sebastián.

La genialidad del maestro fue:

- Crear un clima en clase en el que todos puedan decir lo que pensaban.
- La paciencia.
- Claridad sobre que había que trabajar.
- Acostumbrarles a que cada uno trabajaba en lo suyo con autonomía, con esa edad.
- Apelar al afecto de verdad.
- No perder ese anclaje afectivo, trabajara o no y pese a la posición y contestación contraria del alumno.
- Esperar trabajando, dándole así su tiempo al alumno, sin más presión.
- Reaccionar con cariño en todo momento.
- No caer en provocaciones.
- «*Hoy* no quieres trabajar», le había dicho: por tanto, otro día sí. Esto es lo contrario de lo que muchos maestros hacen al corregir, cometiendo el error de decir: «*Tampoco* hoy quieres trabajar», empujándolos hacia ello.
- Sebastián aludió a la distinción *querer/apetecer.* Le había dicho «Cuando quieras trabajar», no «Cuando te apetezca», adelantándose a una distinción importante: se puede trabajar sin apetecerlo, porque uno quiere.

La genialidad de Iván:

— Decir lo que pensaba al profesor.
— Atreverse a contradecir al profesor, extrayendo lo que tenía aún muy dentro.
— No haber contradicho al profesor con más conducta disruptiva que el diálogo, con lo que facilitó que el profesor no cayera en la trampa de intervenir a la defensiva.
— Confiar en Sebastián.

Entonces Iván se levantó de repente y, cuando llegó hasta la mesa de Sebastián, le susurró:

—Ya sí quiero trabajar.
—Ah, ¿sí? Me parece muy bien... ¿Me das un abrazo?

Se lo dieron y remató el profesor:

—¡Somos amigos! ¿Sabes en qué quieres trabajar?
—Sí.
—Estupendo, Iván. ¡Cuánto me alegro! Ponte a trabajar y dime lo que sea si necesitas algo.

Lo dejó trabajando los minutos que quedaban para el recreo. No se dijeron más.

Ese día, al terminar el colegio, Iván buscó a Sebastián y, sin palabras, le dio un abrazo al despedirse al final de la jornada y antes de irse para el autobús. En silencio.

Al día siguiente hizo lo mismo al llegar e iniciar el día de trabajo y colegio. También en silencio. Sin decir palabra.

Lo mismo hizo todos los días desde entonces, sin palabras. Cada principio y final de jornada escolar.

La humanidad de alumnos y alumnas y sus maestros y maestras es una constante genialidad.

Iván sigue buscando a Sebastián para saludarlo y despedirse. En silencio siempre. Son amigos. No volvió a no querer trabajar. Nadie supo en el colegio, ni siquiera Sebastián, qué le había pasado ese día a Iván para sentir que no quería trabajar. No fue necesario para arreglarlo.

En casa de Iván había días en que la vida era difícil. Pudo haber sido simplemente un mal día, una tarde o una noche complicada. Eso bastaba saber.

Una sugerencia concreta de las posibles
APLICACIONES A TU HIJO

Como cada hijo o hija es un ser humano, complejo, pero uno distinto a todos los humanos que han existido y existirán, es previsible que haya actuaciones en ellos que no se comprendan. Ni ellos mismos a veces pueden comprenderlas. Basta estar al lado, darles una salida airosa, no detenerse en la acción airosa. Cuanto más disruptiva parezca, más serenidad exigirá. Indicarle la salida, con claridad, manifestarle que entretanto se le quiere y esperar, sin sentirse agredidos, a que salga.

21

TODOS LOS NIÑOS Y NIÑAS A LOS CINCO AÑOS SON GENIOS FILÓSOFOS: TRES BOTONES

Desde los tres años especialmente (algunos desde antes), todos los hijos e hijas pasan mucho tiempo preguntándose qué son las cosas, qué es todo lo han conocido y lo que aún desean conocer.

Pensamiento, respeto, autoestima, decisión, obediencia, autonomía, libertad, voluntad y dependencia son compatibles.

Esta actitud no cambia desde esa edad. La tienen. No confían a partir de los nueve años en que sus conclusiones sean tan válidas como las de los adultos, por eso se ven obligados a defenderlas con más torpeza, error y desagrado. Aprovechar la edad más sensata y filosófica del ser humano, cuando comienza a preguntar por todo, sin prejuicio, es un deber familiar. Pero, si la edad pasó, sigue el deber intacto y conviene igualmente a la edad que tenga.

Todo ser humano se pregunta lo mismo, solo que algunos lo dicen en voz alta. Eso sí, las respuestas pueden variar mucho. Veamos tres botones de muestra.

PEDRO Y SU ORIGINAL FORMA DE SACAR LA PATA

Con cuatro años, Pedro oyó de su padre, en un momento poco habitual de desesperación:

—No sé cómo decírtelo ya. La verdad es que no sé. Dime cómo te lo puedo decir, de verdad, porque te lo he dicho de mil formas y te entra por un oído y te sale por el otro.

Su hijo, conmovido, le respondió:

—No te preocupes, papá. Dímelo otra vez, pero despacito. Y yo me pongo esta mano aquí, tapándome el oído este, para que no se salga cuando me lo digas y así te haré caso esta vez.

En el fondo, siempre funciona esta fórmula:

Dar una solución posible + sentir culpa, pero tener una puerta de salida = rectificación y obediencia.

El padre acertó y, sereno, se lo repitió así, y Pedro lo hizo esta vez, encantado de haber sacado a ambos del apuro, sin sentimiento de culpa ya.

Sara y su comprensión

Con cinco años, Sara me contaba una genialidad de maniobra humana, más de cariño que de manipulación o falsedad; algo que funcionaría a cualquier adulto:

—Mi madre grita más cuando más quiere ganar y cuando cree que está perdiendo. Entonces, yo y mi padre hacemos caso para que no siga gritando y ponemos cara de que estamos arrepentidos, y que vea que ha ganado. Pero no estamos arrepentidos, ni asustados, solo es que, si hacemos eso, no grita más. Porque grita cuando tiene días malos en el trabajo, pero son pocos. Así se le pasa. Y como mi padre y yo la queremos tanto, no nos importa que alguna vez grite… Pero ella no puede saber que le hacemos caso porque la queremos, lo mejor es que crea que creemos que ella lleva razón. Si no, dejaría de gritar, pero entonces se enfadaría.

Lo normal es leer entre doscientas y trescientas palabras por minuto. Entre dieciséis y veinticuatro líneas de un libro, dos tercios de página. Entre treinta y cinco y cuarenta cinco páginas a la hora.

Mi hija mayor, María, lee un libro medio en una hora. Más de doscientas páginas a la hora. Con una comprensión excelente y una cultura adquirida sobresaliente. Varias editoriales la han pretendido como lectora de manuscritos, porque en el mismo día que recibe el manuscrito aspirante a libro, lo lee y puede emitir el informe.

Su genialidad, manifiesta en su capacidad lectora y en mucho más, se debe —en cuanto a la lectura— a la suma de su propia genialidad con la genialidad de su madre, María, que le enseñó a leer, y la genialidad de su abuelo, pediatra y psiquiatra, que, con cinco meses María, dijo a su nuera:

—María ya fija la vista, así que podéis enseñarle a leer.

Y entonces el padre la sostenía en su regazo mirando a su madre y su mujer iba pasando las palabras que tocaban cada día, palabras de su entorno, siguiendo el modo que se describe en el libro *Pequeños grandes lectores* —si se quiere saber más—, aunque allí se sigue el ejemplo de niños con dos años, porque a la mayoría de los hermanos de María les enseñaron con dos años; al ser ocho hermanos. A la mayor y a la pequeña lo hicieron con cinco meses, y son las que más rápido leen de su familia, aunque los otros seis lo hacen muy rápido y comprendiendo extraordinariamente por encima del promedio.

La pequeña, Rocío, lee a una velocidad de entre ciento cincuenta y doscientas páginas a la hora.

Las genialidades en lectura se estimulan, se provocan, se siembran, y se recogen sus beneficios.

Cuando, en Primaria, se le preguntaba a María «¿Tú por qué lees tan rápido?», ella respondía:

—Yo no leo rápido, lo que ocurre es que hago trampas, porque tengo tantas ganas de enterarme de lo que pasa que paso muy por

encima de todas las palabras para quedarme solo con lo que pasa, y no me detengo en cada sílaba, ni cada palabra, ni cada punto.

En realidad, sí pasaba por cada signo de puntuación, para entender el texto; sí pasaba por cada palabra. Pero no se detenía en la forma ni en cómo se leía, no silabeaba ni hacía un ejercicio de lectura escolar, sino de curiosidad, infantil los primeros años y de adolescente después. No se detenía en la forma de las palabras, sino en lo que decían.

Había empezado a aprender a leer a los cinco meses y eso marcó favorablemente toda su vida. Gracias a la genialidad de su abuelo y de su madre, pero, sobre todo, a su genialidad de niña que quiso leer bien.

Una mercería entera de botones

Cualquier padre y madre con hijos menores de siete años podría poner cientos de ejemplos como este de genialidades de sus hijos. No son ocurrencias sin más. Son inicios de su genialidad, que suelen morir y no desarrollarse si no encuentran la satisfacción de sus padres.

Si pienso en madres como Concha y en su marido José, ambos arquitectos, podría asegurar que ellos son capaces de contarme más de cincuenta ocurrencias geniales de sus hijos, solo del último trimestre. Lo mismo si pienso en la genial familia formada por Rafa, Marta y sus geniales hijos; en los hijos de Paloma (7paresdekatiuskas) y su marido Guillermo; en los de Rocío y Antonio; en los de Isa y Diego ; Pía y Javier; en Ángel, Lucía, Ángel y Alejandro; Fernando, Laidi y sus hijos; en la familia de Sergio y Amparo, Juan Bautista y Paloma, Jesús y Gloria, Inmaculada y Óscar, María Amor y Fernando, Puri y Pedro, Antonio y Mónica, Fernando y Mariola, Pedro y Maribel, Inmaculada y Rafa; Natalia y Carlos, Sylvia y Jesús; Álvaro, Carlos y Manuel, de Málaga, y todas sus familias; la de Carlos, de Girona; Manuel, Rafa, María, Víctor, Marcial, Fernanda, la familia Carandell y Moriana; Lobato; Isidro Calleja; Paula; Jimena; las familias completas Luque y Jurado, Pablo y todos mis admirados genios del Levante y Murcia; de Asturias, Aragón y

Cáceres; y las familias de mis hermanos, mis cuñados, mis primos y tantos conocidos. Cada familia con hijos tiene su colección de genialidades que ojalá no olviden, ni los padres ni los hijos.

Si se les ocurren de dos a siete años, cómo no van a ser más geniales las genialidades de los mismos genios cuando cumplen diecisiete, que es cuando piensan infinitamente mejor y más saben. Solo hemos de contribuir a quitarles, en parte, sus prejuicios y el miedo a no parecer geniales ya porque les exijamos ser adultos o parecerlo, cuando aún no deben ser más que adolescentes en proceso, más geniales que niños y menos de lo que serán, si siguen alimentando su genialidad, cuando sean adultos y, mucho más, cuando sean viejos.

Ahora se me viene la cabeza la última genialidad que oí a mi padre decir, a sus noventa y ocho años:

> «Ahora sé que nada importa nada y que solo tienes que querer mucho a tu mujer, porque lo demás sobra».

Pero no me desviaré con genialidades de viejos, cuando tenemos hijos e hijas a los que confirmar en sus genialidades de niños, niñas, adolescentes o jóvenes.

Una sugerencia concreta de las posibles
APLICACIONES A TU HIJO

La bondad de todos los hijos e hijas es mucha, se vea o no. La capacidad, también. Estamos en su mismo bando. Les hemos de enseñar a vivir y todo lo que los haga vivir más felices. Exigirles es consecuencia de quererlos: la exigencia lo es del cariño. De forma natural, ellos y ellas lo saben, aunque no lo suelan decir.

Pero cada uno y una es tan distinto que exige ir a su ritmo, con sus razonamientos, sus posibilidades y sus modos. Importa más qué han de hacer y por qué han de hacerlo que cómo.

Escuchar sus razonamientos, pedir que expresen sus razonamientos, hacerles quedar bien con sus pensamientos. Eso estimula la genialidad, la reflexión, el espíritu crítico y la unión padres-hijos, además de ser una demostración de cariño, confianza y estima. Da igual lo que piensen.

22

CARLOTA

En un trabajo cooperativo sobre una única cuestión, «La devaluación de la moneda», Carlota, de 2.º de ESO, quiso hacer una aportación en su equipo. La nota académica de cada uno de los miembros de su equipo era *sobresaliente*, rara vez *notable*. La de Carlota, 5 o 6, sobre todo. Al líder, Carlos, le gustó la aportación y los otros dos, Pedro y Gema, la aceptaron. La aportación era una reflexión complementaria: el apartado e) del trabajo.

a) Aparición e historia de la moneda.
b) Sociedad y sistema de mercado.
c) Apreciación y depreciación de la moneda.
d) Comparativa actual europea y mundial.
e) Complemento final: reflexión filosófica.
f) Referencias.
g) Anexos.

Carlota era lista, con un cociente intelectual de 118, quizá superior al de la profesora, si hacemos caso a la estadística nacional (90 en 2017). Carlota había contribuido también en otras partes del trabajo, solo se trataba de una reflexión final, que ocupaba solo el apartado más breve.

El resultado fue un seis para cada miembro del equipo, con el siguiente comentario en color rojo:

Muy bien en general, aunque habéis perdido el Notable y Sobresaliente, 4 puntos, al incluir el apartado e). Me ha extrañado en vosotros. No sé si se trata de una broma, pero en todo caso desacertada e inconveniente en un trabajo escolar.

Así de claro lo exponía: «en un trabajo escolar». Precisamente en la etapa en la que se supone que el alumno aprende y la profesora enseña.

Me dio mucho qué pensar lo que me enseñó Carlota. Al fin y al cabo, era la aportación más genuina del trabajo; lo demás era de Internet.

El siguiente trabajo, por casualidad o no, lo hizo con Carlos, pero sin Pedro ni Gema. Ya habían escogido otros compañeros cuando fueron a crear el grupo.

Aquel apartado e) decía:

e) Reflexión:

«La moneda se inventó para que las personas pudieran cambiar cosas distintas por una misma moneda. Es decir, lo que no debía cambiar era el valor de la moneda. Si un trozo de metal (la moneda) se cambiaba por un saco de trigo o por cuatro conejos, que lo lógico sería que su valor no cambiara y un saco de trigo siguiera valiendo un trozo de metal.

»Por un lado, nos preguntamos si los que inventaron la moneda sabían que un saco de trigo es hoy un trozo de metal, pero después podrían ser dos o lo que se quisiera.

»La moneda dice el valor de las cosas, pero solo puede cumplirse un intercambio justo de las cosas si siempre valen lo mismo. Que varíe la moneda parece lo contrario de lo que la moneda debe asegurar.

»Por otro lado, nos preguntamos también ¿quién varía realmente el valor de la moneda? Parece que tiene vida propia, pese a no ser un ser vivo, sino un mineral muerto. Nos inquietan las siguientes preguntas por eso:

— ¿Quién provoca el primer paso para que varíe de valor?
— Ese primer paso, ¿no es intencionado y, por tanto, evitable?
— ¿Quién se beneficia más de la subida o la bajada de la moneda?
— ¿Está ocurriendo lo que pretendían cuando la inventaron?
— ¿A quién beneficia que todo suba, menos algunas cosas como los sueldos?

— ¿No sería mejor saber que una barra de pan me costará un euro también mañana y así puedo decidir plantar tomates para venderlos a un euro cuando nazcan y comprar pan?
— Quizás convendría dejar que la moneda solo sea de nuevo solo un mineral y no el motor de nuestra vida».

A mi juicio, una genialidad para ser un grupo de 2.º de ESO. Pero no lo vio así la profesora, que les bajó por ello cuatro puntos.

La verdad es que, desde que leí este trabajo, he pensado varias veces por qué la moneda tenía una vida tan ágil e influyente en nuestras vidas humanas, siendo algo creado para la estabilidad y justicia comparativa. Debe de ser que tengo el mismo problema que Carlota ya en 2.º de la ESO. O que a la profesora no le alteraba tanto la subida del pan y los tomates.

Una sugerencia concreta de las posibles
APLICACIONES A TU HIJO

Si lo que un hijo o hija, alumno o alumna dice parece ingenuo, qué se espera de su inexperiencia. Lo peor es oír majaderías de adultos. El niño, niña y adolescente está aprendiendo y lo más importante que ha de aprender es a vivir y a pensar. Una reflexión de cualquier hijo o hija es un tesoro que hay que proteger, aunque sea desacertada, inoportuna, ingenua, inexperta o ilógica. Eso nada tiene que ver cuando uno aprende y hay un sabio que enseña.

23

LOS GENIOS ABUNDAN: NIÑOS, NIÑAS Y ADOLESCENTES

De portales como *Teach Starter*, R*ecreo Viral* o *Magnet* extraigo imágenes como estas[13]:

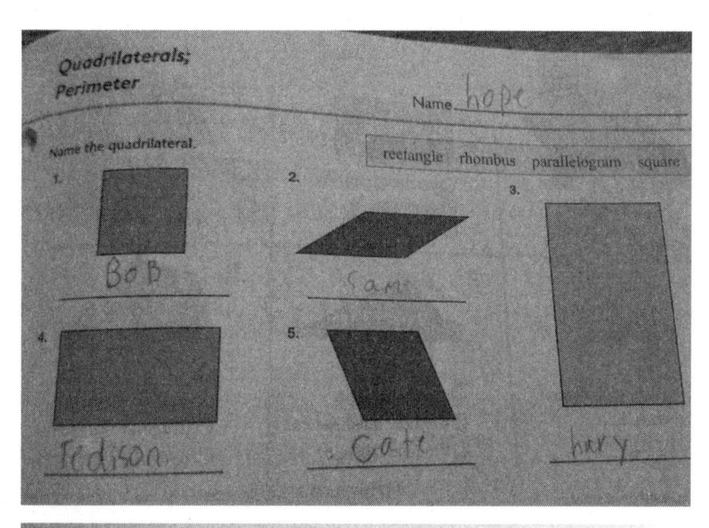

13 Sager, J. (30 de mayo de 2022). 11 Funny Kid Test Answers That Left Teachers Rolling. *Teach Starter*. http://teachstarter.com/us/blog/12-funny-answers-children-wrote-on-a-test-us/; Díaz, D. (s.f.). 30 respuestas de EXÁMENES que destruirán tu fe en la humanidad. *Recreo Viral*. http://recreoviral.com/risa/respuestas-examenes-creativas-moriras-risa/; Sánchez, J. (12 de enero de 2016). Las 31 mayores genialidades escritas por niños y adolescentes en exámenes. *Magnet*. http://magnet.xataka.com/un-mundo-fascinante/las-31-mayores-genialidades-escritas-por-ninos-y-adolescentes-en-examenes/.

SCORE /5

Use commands to tell your sister to do the following things.

54. ir a la cocina
55. ser cuidadosa *(careful)* I dont have
56. abrir el refrigerador a sister -7
57. sacar los pasteles
8. calentar la sopa
. preparar las papas
. cortar el pan

Math Test

1.Bob has 36 candy bars. He eats 29. What does he have now?

Diabetes.
Bob has diabetes.

5. What do we call the science of classifying living things?

Racism.

¿Cómo podrías dejar caer un huevo en un suelo de cemento sin romperlo?

Como te dé la gana, ando que no es
difícil romper el cemento.

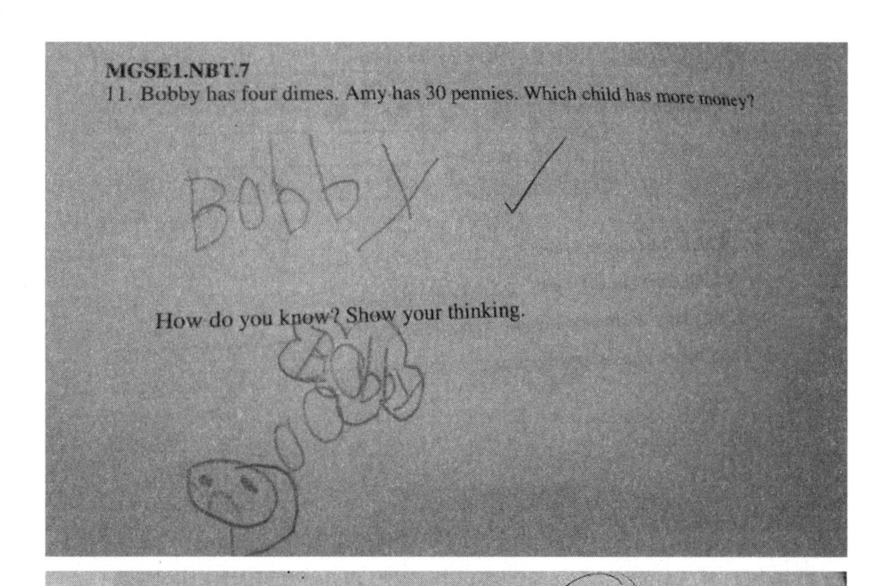
MGSE1.NBT.7

11. Bobby has four dimes. Amy has 30 pennies. Which child has more money?

Bobby

How do you know? Show your thinking.

Bobby

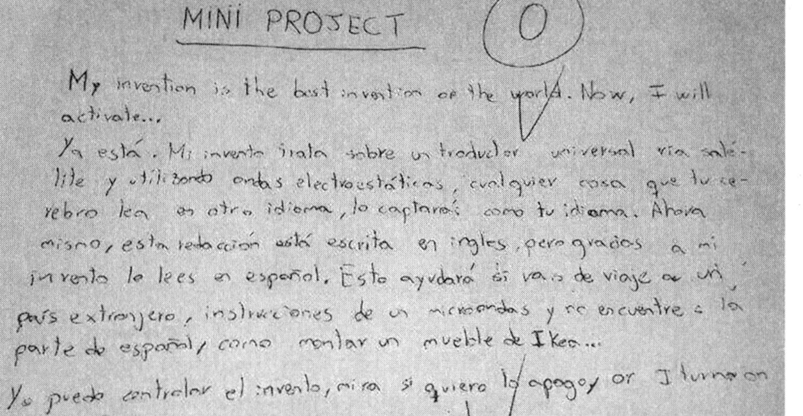
MINI PROJECT

0

My invention is the best invention of the world. Now, I will activate...

Ya está. Mi invento trata sobre un traductor universal vía satélite y utilizando ondas electroestáticas, cualquier cosa que tu cerebro lea en otro idioma, lo captarás como tu idioma. Ahora mismo, esta redacción está escrita en inglés, pero gracias a mi invento lo lees en español. Esto ayudará si vas de viaje a un país extranjero, instrucciones de un microondas y no encuentre a la parte de español, como montar un mueble de Ikea...

Yo puedo controlar el invento, mira si quiero lo apago, or I turn on it. Encendido, off, encendido, off,...

7. Dibuje 1 negra y una blanca.

Negra

Blanca

En el examen de Música...

No son simples ocurrencias para rellenar cuando no se les ocurre cómo resolver la pregunta. Habrá de todo, pero muchas de ellas son la respuesta que se decide, después de descartar la que también se pensó y el profesor esperaba. Aunque no lo parezca, esto ocurre en innumerables ocasiones, aunque alguien sin experiencia docente podría pensar que son ocurrencias para rellenar o hacer una gracia irrespetuosa. Nada de eso la mayoría de las veces.

Cada día, los docentes nos encontramos con bienintencionadas respuestas que unos consideran disparates, pero sin argumentos para demostrar que son falsas, por lo que son defectos evidentes de redacción de preguntas.

La forma de responder es correcta si es verdad, y todas las respuestas de los ejemplos reproducidos anteriormente son verdad, porque son acertadas, aunque no sean las que quería encontrar quien había preguntado. Son, todas, respuestas acertadas a las preguntas que en realidad se formularon.

«El contexto tenía que haberse tenido en cuenta», podría pensarse; pero el contexto en un niño, niña y adolescente cambia cada vez que desconecta lo que hace del escenario en el que está o cada vez que se desconcentra, que en la generación nacida en los años sesenta era a los veinte minutos; en la de los nacidos en los ochenta, a los ocho minutos; en la de los noventa, a los treinta segundos; y en la de los alumnos de Primaria (los nacidos tras 2010), de cuatro a diez segundos. Por tanto, hay que contar con que en cualquier pregunta pueden desconectar la pregunta de la asignatura si la pregunta lo permite, perdiendo entonces el contexto.

No se respondió lo que esperaba quien redactó la pregunta, pero las respuestas son verdad, porque aquellas preguntas no estaban terminadas.

¿De nuevo hemos de culpar al alumnado de los defectos de redacción del profesorado o de la incomprensión de las reglas del juego de la generación que han heredado de nosotros?

Lo normal sería reconocer el error y anular la respuesta o darla como buena, si es verdad. Si no es verdad, que se demuestre.

Lo que hace el cerebro en estas respuestas rechazadas

Desde el punto de vista neurológico podría decirse que todas las anteriores son respuestas dadas desde el pensamiento que parte del hemisferio cerebral derecho (creativo, imaginativo, sintético, global, emocional) a preguntas realizadas apoyándose en su inicio en el hemisferio cerebral izquierdo (analítico, secuencial, racional, lógico). Pero es más complicado aún que todo eso.

No puede separarse el producto de un área cerebral izquierda del producto, dada su enorme velocidad incontrolable y espontánea, de un área cerebral derecha. Es decir, son analíticas, lógicas y racionales también las respuestas imaginativas, emocionales y creativas de todos los casos expuestos. Esa es la magia. Se unen todas las áreas y se resuelven de forma distinta, radicalmente distinta, e igualmente acertada. Esto es importante. Son exactamente igual de correctas todas las respuestas, salvo que quien la evalúe no lo haga con el cerebro humano completo, sino solo teniendo como rúbrica y plantilla un área cerebral en exclusiva, justo la del profesor en el momento de redactar el ejercicio, excluyendo la otra.

Esto significa que las respuestas de todos estos ejemplos de niños, niñas y adolescentes, y las de los anteriores capítulos, parecen erróneas solo ante quienes las califiquen desde un único punto cerebral y no desde el punto de vista cerebral humano: completo. Porque ningún cerebro humano opera con un hemisferio exclusivamente, salvo deterioro, enfermedad o accidente orgánico; que, en tal caso, según nos demuestra la historia clínica médica, medio cerebro hace las funciones de los dos. Es uno, un cerebro sin inteligencias múltiples ni áreas separadas. Localizadas y diferentes sí, separadas no. Unidas en la misma función. El cerebro actúa más rápido y globalmente de lo que puede apreciarse por el ojo humano y por cualquier máquina creada por el ser humano. Porque nuestro cerebro opera como un solo cerebro, como nosotros, una persona en un momento concreto. Pese a hacerlo con múltiples dimensiones y consecuencias. Por eso surgen estas respuestas, ciertas.

No puede evaluarse una respuesta humana sin tener en cuenta que puede contestarse desde muy diversas áreas, puntos de vistas, aspectos, realidades: verdades todas. Igualmente correctas. Lo contrario es hacer trampas.

El problema es la limitación de quien enuncia un problema esperando que se realice un proceso concreto y limitado, con unas operaciones determinadas para que resulte un producto exacto ya sabido por sí mismo. La vida no es así. Ni las matemáticas tampoco, por tanto.

A ningún matemático de verdad que se precie, ni siquiera estudiante de Matemáticas de segundo de carrera, se le ocurriría pensar que el problema que se le plantea a un matemático en un examen tiene una única forma de resolverse y que el profesor o profesora solo espera esa misma forma. Ningún aspirante a premio nobel de matemáticas trabajaría horas y horas al día, durante semanas, meses y años, en su laboratorio o despacho, o ante sus alumnos en la docencia, para aplicar un proceso que ya se conoce y aplicar las operaciones que se esperan de él para dar el resultado que ya se conoce. La vida no es así. La escuela no debería serlo, por tanto.

Todas son acertadas. Si a alguien le parecen disparatadas es porque no su cerebro juzga la realidad solo desde una única posición estática, prevista e injusta. Injusta porque, si eso es lo que se quiere, ha de cerrarse el enunciado y limitarse a la parcialidad de un proceso y área, un modo previsto único de leerse; ha de ser entonces redactado correctamente si se busca solo ese prisma, para impedir otra interpretación (algo útil solo hasta los nueve años), que en tal caso exigiría preguntar:

En lugar de:	*Debería haberse redactado:*
¿Cómo podrías dejar caer un huevo en un suelo de cemento sin romperlo?	¿Cómo podrías dejar caer un huevo, sin que este se rompa, en un suelo de cemento?
Nombra los cuadriláteros:	Indica debajo de cada cuadrilátero la forma que representa la figura: rectángulo, rombo, paralelogramo o cuadrado:
Dibuja una negra y una blanca:	Dibuja la representación de una nota musical negra y una blanca:
Bob tiene 36 barras de chocolate. Come 29. ¿Qué tiene ahora?	Bob tiene 36 barras de chocolate. Come 29. ¿Cuántas barras le quedan sin haberse comido?
Explica cómo encontraste tu respuesta en el Problema 4:	Explica qué operación matemática has hecho para hallar el resultado del Problema 4:

Usa imperativos para decirle a tu hermana que haga las siguientes cosas:	Usa imperativos para mandarle a alguien que haga las siguientes cosas:
Si tenemos una manzana y se reparte entre cuatro personas, ¿con qué se queda cada persona?	Si tenemos una manzana y se reparte entre cuatro personas, ¿con qué porción de manzana se queda cada persona?
¿Cómo lo sabes? Muestra tu pensamiento: (en la segunda parte de la pregunta, porque la primera estuvo correctamente enunciada y por ello el niño responde bien y como esperaba la profesora).	¿Cómo lo sabes?, es decir, ¿qué operación has realizado para llegar a esta conclusión?
Escriban la ecuación:	Escriban el resultado, con la forma de una ecuación matemática:

La famosa excusa de «se sobreentiende» solo es un subterfugio utilizado por quienes omitieron partes que, de hecho, han dado ocasión a otra respuesta distinta y acertada, aunque inadmisible para lo que se esperaba.

En esta comparativa de enunciados se aprecia con claridad, al menos a nuestro juicio, que el error estuvo en la redacción del enunciado y en la fijación de quien lo escribía pensando solo en una porción del cerebro del estudiante, ni siquiera pensándolo un momento con el cerebro del redactor, porque en tal caso le hubiera dado tiempo a entrar en juego a sus dos hemisferios y no habría caído en dejar escrita en la redacción la trampa ambigua que encerraba el enunciado.

Los profesores y profesoras que dicen de algún alumno o alumna «Es que le cuesta entender los problemas, tiene un problema de comprensión de los enunciados, no se fija o no los comprende bien al leerlos» se equivocan y son tremendamente injustos o injustas. La inmensa mayoría de las veces, solo es un enunciado mal redactado que engaña y hace parecer culpable a quien lo lee bien pero más allá de la intención de quien lo redactó sin fijarse en lo que redactaba, en toda su amplitud.

¿El buen cerebro de un alumno ha de cargar con la limitación del mal cerebro de un docente? ¿Hasta cuándo?

Resolver problemas desde un área solamente de nuestro cerebro no sirve para resolver grandes problemas en ninguna disciplina seria; menos servirán el día de mañana: ni en arquitectura ni en ingeniería, medicina, fontanería, arte, jardinería, filosofía, mecánica de coches, informática, diseño, dirección de empresa, abogacía, docencia, cuidados sanitarios, técnico de limpieza, etc.

Todas las disciplinas que tengan que ver con cualquier actividad humana demandan una visión global, creativa, imaginativa, al mismo tiempo que ordenada, secuencial, lógica y racional; tal y como es el ser humano.

Las preguntas que es más necesario responder son las que no tienen una respuesta sabida y se necesita conocerla. Esas requieren interpretar y reinterpretar bien su enunciado, considerando en ellas todas sus posibilidades.

Por todo ello, incluso en Primaria, es preciso entender, aprender y cambiar el modo de preguntar y el modo de corregir las respuestas, porque muchas veces, simplemente, no son justos y limitan, reducen, la posibilidad de acierto.

Para evitarlo y hacerlo bien, para evaluar con justicia, verdad y acierto, basta la buena intención del docente, que, cuando no espere una respuesta, le pregunte al autor creador de la respuesta: «¿Por qué has contestado, así?». Y entonces el profesorado aprenderá lo que le falta a su enunciado o lo que le sobra. A mí me ha tocado a menudo hacerlo como profesor, en Secundaria y en la universidad: lo recomiendo; de todo corazón, merece la pena; es increíble lo que resulta.

Una sugerencia concreta de las posibles
APLICACIONES A TU HIJO

Además de recurrir al POR QUÉ y argumentando varias veces, conviene asegurar que el enunciado de nuestros mandatos y nuestras preguntas corresponda justo con lo que puede entender nuestro hijo o hija al oírlo o leerlo, pero sin saber lo que pensamos nosotros y no se dice ni se escribe.

Para ello, es preciso escribir todo lo necesario en el enunciado que se emite, si queremos que llegue al receptor. No «sobreentendamos» nada.

24

LA ESCUELA MIRA SOLO A UN MISMO LADO

En un mundo que necesita cada vez más buscar la unidad, la escuela sigue mirando solo el área cerebral del hemisferio izquierdo (el de la atención, concentración, memoria, lógica, razón, análisis). De un modo predominante en el mejor de los casos y en exclusiva en el peor. Estas áreas marcan mayoritariamente las programaciones, planificaciones, metodología y evaluaciones del profesorado, por lo que marcan su resultado y la autoestima y el autoconcepto del alumno o alumna como tal, e incluso, en gran parte, como persona, en la escuela y fuera.

Pero la ciencia, el saber, la verdad no se encierra en tan pocas áreas del cerebro de cualquier ser humano. El análisis descompone la visión de lo global y de lo que realmente está sucediendo, haciéndonos perder nuestra propia vida en su integridad. Analizar es propio de los que estudian y han de estudiar algo para, cuando vivan, intentar acertar, traspasando lo analizado en una parte a la totalidad real y conjunta. Lo contrario, sintetizar, no analizar, es propio de los que viven y han de acertar al hacerlo.

La escuela prepara para la descomposición, la igualdad, la intercesión, lo sabido ya, la mediocridad, la frustración, el individualismo, la soledad, la desesperación, la ignorancia de cómo es el alumno y alumna realmente, de cómo es la realidad del mundo que lo circunda y puede atraparlo, ocultándole como puede liberarlo, potenciando la ignorancia de cómo vivir eficazmente en él: feliz.

Evalúa parcialmente, ignorando, por ejemplo, la creatividad, la imaginación, la emoción, la intuición…, que, de utilizarse en un examen, se penalizan e incluso provocan un extraño e incomprensible enfado en el que se supone que es docente y enseña a alguien que no sabe aún y que puede aprender lo que no sabe todavía, objetivo último de la enseñanza.

La escuela empezó, hace décadas, a mirar a otro lado, solo al lado izquierdo de nuestro cerebro, que tiende a desunirlo todo. Y ha acabado ya por limitar, empobrecer, liquidar ese poco que enseñaba. De modo que la escuela ahora no enseña lo que se necesita aprender, aunque a veces parezca que en parte lo intenta.

Así, por ejemplo, la escuela española optó por el desaprendizaje en cuanto admitió el método CLIL, la primacía del inglés sobre el conocimiento del medio, de la naturaleza, de la sociedad, empobreciendo las Naturales, Sociales o las Matemáticas con *Natural and Social Sciences* o *Maths* incluso. El conocimiento se empieza por reducirlo y acaba por no importar y extinguirse. Esta es la fotografía actual, no un presagio; una realidad extendida en todo el país, que en la alfombra del bilingüismo esconde la suciedad y podredumbre de la ignorancia creciente y más extendida, jamás tanto desde el analfabetismo.

Se sabe cada vez menos de lo importante, cada vez menos de todo y un esqueleto insuficiente de lo esencial. Al tiempo que se obtiene una calificación de sobresaliente o que se promociona sin aprender.

Quizás —lo dudo, honradamente, estudiando la evolución de la UNESCO en materia educativa—, solo quizás, se pretendía que fuéramos competentes en inglés, para comunicar lo que —sin inglés— éramos y sabíamos, pero nos han quitado el aprender lo mucho que aprendíamos y el inglés solo sirve ya para trabajar al servicio de alguien, sin pensar: producir sin generar los propios cambios de cada uno y una, condición indispensable para una sociedad feliz.

Mirar solo al hemisferio izquierdo y traducirlo nos ha apocado, está extinguiendo al *homo sapiens hispanicus* al ritmo propio de hoy, el de las redes sociales e Internet.

Pero aún nos queda el resto del cerebro, la mayor parte, la más humana, la que se escapa a toda máquina y manipulación; las áreas que no cuentan en la escuela, pero cuentan para poder vivir bien. Quedan los libros. Quedan lo que pensaron los que mejor piensan. Queda leer. Ese es el camino de la liberación, antes de que el ser humano se extinga y se pierda de fiesta en fiesta, de trabajo en trabajo, lleno de soledad, sinsentido y desesperación, sin apenas vacaciones, aunque sea en inglés.

La escuela está empezando a sacar lo peor de cada uno y cada una, en lugar de su contrario: lo que siempre había sido la esencia de la educación y nunca cambiará.

El niño y la niña están hechos de naturaleza y cultura, así lo enseñan la historia y el pensamiento de los sabios clásicos. Todo se une en ellos, y se expresa sin prejuicios más fácilmente antes de los seis años. A esa edad es más fácil ser uno solo.

Lo propio de la escuela sería que aprendiera a respetar todo lo que cada alumno y alumna es. La esencia de la escuela debería ser la educación: integral y personalizada. «Integral (que tenga en cuenta todas las dimensiones del alumno y alumna: su unidad) y personalizada (de la persona docente como persona a la persona alumnado como persona, no individual)» era la fórmula de la educación de calidad, defendida en los años sesenta por el primer catedrático de Pedagogía de la universidad española, Víctor García Hoz.

La razón, la memoria, la lógica, deducción y atención que trabaja la escuela habitualmente serían solo el esqueleto si las emociones, la satisfacción, la síntesis, creatividad, imaginación y estimulación fueran la musculatura. Pero aún falta el resto del cuerpo: todo lo demás que conforma lo que hace que sea lo que es y quien es, distinto, único y uno.

La escuela, a menudo, aunque sea sin querer, es irrespetuosa con el ser humano que es cada alumno o alumna.

Los valores que sin querer se transmiten son los propios del éxito social y, con ellos, los del fracaso personal.

La escuela se ha alejado de la educación.

Pero la educación es la ciencia y el arte de unir todo lo que el ser humano es y necesita. Es la que conjuga persona y verdad. Como hay crisis de verdad y del concepto de persona, hay crisis de educación.

La genialidad de todos los hijos e hijas, sus necesidades más importantes y el peligro de infelicidad que los rodea hacen imprescindible y urgente refundar una escuela que mire a la unidad del ser humano, como es cada uno: genial.

Una sugerencia concreta de las posibles
APLICACIONES A TU HIJO

Recomendar tratar a los hijos o hijas como personas parece una obviedad; sin embargo, exige algo no tan obvio: que los hijos o hijas se sientan tratados como tales, más que como estudiantes, por ejemplo, o incluso como hijos.

Exige por parte del padre y madre o del familiar o educador una constante intencionalidad para tratarlo más como persona que como familiar o educando.

A menudo, muchos hijos pueden creer que sus padres, al corregirlos por sus resultados académicos o por su falta de constancia, trabajo o planificación y horario de estudio, están más interesados en sus calificaciones escolares o universitarias que en ellos, completos, tal y como son como personas. Es un error muy frecuente, pero justificado en realidad, por las muchas referencias que se hacen a los resultados, por la reacción rápida ante ellos y la poca reacción cuando no hay resultados por medio.

Es preciso asegurar que se trata en todo momento a un hijo o hija como persona completa. Para ello es necesario atenderlos en todos sus aspectos. Así, cuanto más importante sea una conversación con ellos, es más decisivo intentar sentir las mismas sensaciones que creamos que estén sintiendo al hablarnos; intentar reproducir sus emociones, recordando cuando sentimos algunas similares. Es decir, conectar con él o ella emocionalmente antes de darle un consejo, transmitirle una idea, hacerle una corrección o pedirle que cambie una mala costumbre, perjudicial. Si queremos ser escuchados y demostrarles que les hablamos a su yo completo, ese mismo que deseamos que cambie y mejore por él y su bien, hemos de hablarle no solo al yo que se ha equivocado o al que le cuesta aún vencer la pereza, la diligencia, la fuerza de voluntad, la decisión, etc., sino también al que hace algunas cosas bien y es bueno.

Hemos de tener en cuenta que cuando hablamos, por ejemplo, de notas con él, si estas no han sido lo buenas que esperaba, también estamos hablando con nuestro hijo, que aprendió con nosotros a esforzarse, a pensar; que estamos hablando con alguien que ha quedado mal, en público, sin el prestigio escolar que desea, que no ha estudiado como debiera, que no es reconocido por su talento intelectual por el docente, que él mismo se sabe tachado de irresponsable con razón, desobediente; que se siente poco valioso y genera insatisfacción a quien más querría proporcionar satisfacción: sus padres.

Hemos de corregir, exigir, enseñarle, pero serenamente, sin perder de vista que estamos corrigiendo a quien más queremos, no a quien más nos desespera, aunque sean la misma persona. Que queremos educarle; no que haga bien las cosas, sino que sea bueno, y entonces hará bien las cosas, con tiempo y ocasión.

Nuestro hijo necesita un padre o una madre paciente, confiado, seguro y firme al tiempo que amable, imperfecto y amante; que se enfade, pero no se desespere; mucho más que un educador o educadora. Y, desde luego, no precisa de un corrector o correctora ni de quien solo lo evalúe.

Educar no es corregir, sino sacar lo mejor de cada persona, dándole motivos y ánimos para conquistar lo que la hace ser mejor y evitar lo que la hace ser peor y menos feliz.

No necesitan evaluadores que, de cerca, vean todos sus defectos, sino padres y amantes que los quieran tanto, que les señalen con tesón y seguridad el rumbo, que les exijan mantener el timón, que los enseñen a sortear dificultades, cómo comenzar algo y cómo recomenzar tras fallar, sin desesperarse ni hacerse la víctima, sin vengarse de nadie; que los apoyen en todo momento y animen a lograr lo difícil, respetando su libertad y su forma de ser distintos. Que los consideren tan valiosos —aun a veces pese a sus resultados— que los exijan para llegar donde serán más felices, acompañados en sus obstáculos: nunca solos.

Como personas: siempre únicos, irrepetibles, incomparables… y las treinta cinco cualidades más que nos salían.

25

«¡POR QUÉ ME PONEN OBSTÁCULOS POR SER LISTA O COMPLETA!»

Paula tenía doce años cuando me dijo esto. Tenía alta capacidad, ACI, superdotación; tenía una capacidad intelectual cuarenta y cinco puntos por encima del promedio nacional. Además, tenía lateralidad cruzada (unos órganos se habían definido antes de sus siete años hacia la izquierda: era zurda de mano; otros, hacia la derecha: era diestra de pie y ojo), con ligera predominancia del hemisferio derecho, el que no puntúa en la escuela.

Le había explicado que, al tener ACI, tenía más tendencia a desconcentrarse respecto a lo que su maestro quería; era hipersensible, captaba más información por los sentidos y se desmotivaba con más facilidad por factores externos. También, por ello, tendía a ser y sentirse más incomprendida a menudo, a comunicarse con dificultad con sus iguales y con más facilidad con los adultos, mayores que ella, o con los menores; por su hipersensibilidad y madurez, distintas de las de sus iguales. Algo demasiado común que tortura a muchos sin consuelo y sin apoyo de educadores o familiares, que se empeñan en que se relacionen con sus *iguales* cuando sus iguales no son los de su edad.

Igualmente le expliqué que, al tener la lateralidad cruzada, se cansaba más al leer y al escribir, pero que era muy rápida, y que esa lateralidad cruzada le daría ventajas el día de mañana, en su desarrollo profesional, social y familiar; que resolvería problemas más complejos más rápida y genialmente; que sería reconocida como muy intuitiva y ocurrente, creativa, inteligente y resolutiva.

Finalmente le dije que, por tener aquella ligera predominancia de su hemisferio derecho (el artístico, emocional, sintético, intuitivo, creativo e imaginativo), pese a lo muy completa que era, tendería a resultar menos eficaz en la escuela, preocupada casi exclusivamente de su hemisferio izquierdo, de modo que tendería, pese a su trabajo, a sacar más ochos que dieces, a ser incomprendida en su forma de hacer las cosas, poco eficaz, distraída en lo no importante según sus maestros y poco brillante debido a no fijarse o no ser constante en los procedimientos que se le requerían y resultaban penosos.

Estaba entusiasmada al saber y entender por qué le pasaba lo que ella no sabía explicar pero sí había notado que le pasaba desde tercero de Educación Primaria. Así lo dijo. Pero pensó unos segundos y, con su mayor inteligencia que la mía en mucho, me miró con ternura y agradecimiento, con más complicidad que ignorancia, y preguntó:

—¿Por qué entonces la escuela no hace algo para que, si yo soy tan inteligente y trabajo tanto, saque diez, como los que son menos inteligentes? ¿Por qué me riñen por distraerme si saben que me distraigo por educación, para no molestarlos cuando me aburren? ¿Por qué, si tengo la lateralidad cruzada esa y más de hemisferio derecho, el que tiene lo mejor que se necesita para resolver problemas más difíciles e importantes y para ser feliz, por qué no miran también esa parte y me califican por mis capacidades de verdad, no solo por algunas, las que ellos quieren o tienen? ¿Y por qué no me descubren ellos, desde que tenía seis años, si tú lo has hecho el primer día que me has visto?

Una sugerencia concreta de las posibles
APLICACIONES A TU HIJO

A cada uno hay que tratarlo como lo es. Para ser justos, a cada uno hay que tratarlo mejor de lo que creemos que es, porque siempre calculamos a la baja.

Si un hijo o hija no es tratado por la escuela, la sociedad o un grupo al que pertenece (de compañeros, juego, ocio, trabajo, etc.), es el momento perfecto para compensar en casa o en su docencia, si se trata de un profesor o profesora, quien quiera recompensarlo e intentar enmendar esta injusticia.

Todo hijo o hija soporta ser tratado con injusticia fuera de casa si es tratado con justicia dentro de ella.

26

POR LO MISMO, MUCHOS GENIOS TUVIERON PROBLEMAS EN LA ESCUELA

Genios de todos los tiempos, hombres y mujeres, se encontraron con problemas en la escuela, y hoy los reconocemos y admiramos por su trabajo, su pensamiento, su cabeza y su corazón, su inteligencia, su sensibilidad: por su genialidad completa.

Isaac Newton, uno de los mejores científicos de la historia; Steven Spielberg, uno de los mejores directores de cine; Antonio Machado, uno de los mejores poetas universales; Albert Einstein; Walt Disney; Frederick W. Smith, creador de la primera compañía de mensajería (Fedex); Charles Darwin; Steve Jobs; John Lennon; Tom Cruise; Michael Phelps; Miguel de Unamuno; Giuseppe Verdi; Thomas Edison; Louis Pasteur; el premio nobel de medicina John B. Gurdon; Ed Sheeran; Harrison Ford; Pablo R. Picasso; Rafael Alberti; el físico Gregor Mendel; Bill Gates; el fundador de Facebook, Mark Zuckerberg; Cary Grant; Salvador Dalí; Nicole Kidman; Celine Dion; Coco Chanel; el matemático Srinivasa Ramanujan; el psicólogo Robert Sternberg; el magnate de los periódicos William Randolph Hearst (*Ciudadano Kane*); Amancio Ortega; Stephen Hawking; el físico Michael Faraday; Neil Armstrong; la escritora Margarite Yourcenar; el cantautor David de María, Charles Chaplin; Graham Bell; el cineasta Stanley Kubrick; el periodista Matías Prats; Agatha Christie; Leonardo da Vinci; el nobel Camilo José Cela; Claude Debussy; el padre del genoma humano Craig Venter; el fundador de Oracle, Larry Ellison; el escritor Émile Zola; la *influencer* María Pombo; el juez Emilio Calatayud; el ingenioso

Pérez-Reverte; la empresaria Sophia Amoruso; el profesor y escritor Daniel Pennac; Abraham Lincoln... y millones más.

Es verdad que, estudiando la biografía de cada uno de los citados (lo que hemos hecho para buscar el paradigma que se repite), sacamos la conclusión de que el fracaso escolar se gesta en la personalidad forjada antes de los doce años en casa y tiene que ver más con la relación con el padre y la madre que con los docentes de la escuela en donde tienen problemas. Pero tan verdad como que la familia acude a la escuela como ayudante, colaboradora esta para formar, educar, preparar para el presente y el futuro al niño o a la niña, para sacar lo mejor que tiene, como persona, completa, como sujeto singular y como estudiante, amigo, ser humano. Ahí fallaron todas las escuelas que no supieron sacar la genialidad de todos estos personajes citados, que luego, sin discusión, tanto bien han hecho a tantos millones de personas en el mundo.

Es un hecho que el bajo rendimiento escolar se convirtió con los años en un motor estimulante para luchar y lograr el éxito al madurar. Pero es un hecho también que genios y escuela se sitúan la mayoría de las veces en órbitas diferentes y que, injustamente, no se encuentran.

La ciencia, la profesión, el oficio y la vocación los ha de tener la escuela. Una escuela, y en ella el docente, que encuentre que su sentido está en enseñarle a todo alumno y alumna, sin excepción, lo que es, cómo es él o ella, cómo es el mundo que lo rodea y el mundo entero, y que le enseñe «a vivir eficazmente en él» (en palabras del pedagogo Víctor García Hoz). No solo en el futuro, sino en el presente del alumno, la alumna y la escuela. Lo demás es evaluar, juzgar lo que no ven, entretener o cuidar, no ser maestro o maestra, ni padre o madre; algo infinitamente superior y justo lo que necesitan todos.

La genialidad no es propia de los que sobresalen en la escuela

Todos deberíamos aprender a valorar lo imperfecto. La genialidad es compatible con resultados mediocres, imperfectos, porque lo imperfecto es también parte de lo genial. Lo inmaduro, lo irresponsable, lo distraído se da en quienes acaban madurando, siendo muy responsables y concentrándose en lo que merece la pena, porque su vida ha sido un aprendizaje útil.

«Cuando no tengo rojo, pinto azul», recordamos que había dicho la genialidad de Picasso. Es decir, adaptarse, seguir y mejorar.

En la escuela puede sacar sobresalientes cualquier alumno y alumna, es cuestión de aplicar la técnica que ese alumno y alumna ha de emplear con ese profesor o profesora, dentro de una paleta de variedad muy simple, primaria. La técnica que extrae el sobresaliente del evaluador docente es muy primaria en efecto: azul, rojo, verde y amarillo.

Hoy más que nunca nos resulta fácil, en la consulta educativa que dirijo, pasar de suspensos a sobresalientes, en niños, niñas y adolescentes.

Con todo, casi nadie enseña ni siquiera cómo hacerse con esa paleta primitiva para pintar lo que guste a quien te evalúa, porque te evalúa según su criterio, más que según la verdad. A veces, compatible con esta última, y a veces, incluso, incompatible.

En la escuela de hoy, lo más común es que parezcan ejemplares los mediocres. Porque la genialidad no solo no se descubre en la escuela, sino que se ignora primero, se aparta en segundo lugar, se desprecia en tercero y en cuarto se penaliza. Lo distinto estorba. Lo imprevisto se descalifica. No se evalúa positivamente lo genial demasiado a menudo y el genio se adapta esperando que llegue su momento. No se descubre lo que no se desea encontrar.

Solo a veces acaba descubriéndose la genialidad y desarrollándose con la madurez, pese a la tentación de abandonarla como un estorbo ingenuo, pueril. Solo a veces ocurre lo que a millones, entre ellos los geniales citados antes que tuvieron problemas en la escuela.

Si les ocurre a millones de personas, pese a todo, cuántos geniales habrá: pues todos, por eso ocurre a los menos, pero a muchos. Algunos famosos internacionalmente, otros solo nacionalmente, y hay quienes solo aparecen en su familia, amigos y entorno. Son evidentes los casos de quienes tuvieron problemas en la escuela y demuestran inteligencia sobresaliente, sensibilidad, genialidad, y a los que muchos deben mucho.

Pero la mayoría de las veces no ocurre: el genio muere siendo genio y sin ser descubierto, pasando por inútil y despreciado por la mayoría mediocre.

Imaginemos la literatura juvenil sin *Harry Potter*, que es lo que se hubiera perdido si no hubieran encontrado algunos genios la genialidad de Rowling. Lo mismo, imaginemos el mundo sin Newton, sin Spielberg, sin Einstein, sin Edison, sin Bell, sin Da Vinci, sin Christie, sin Lennon, sin Jobs, sin Lincoln y todos y todas las demás. Porque son muchos más millones los que nos hemos perdido que los que hemos descubierto, por no estar a la altura de lo que necesitaba su genialidad, en la escuela y en la familia.

Una sugerencia concreta de las posibles
APLICACIONES A TU HIJO

Cualquier padre y madre justa deberá tratar a todos sus hijos e hijas, sin excepción ni comparación, como si fueran más inteligentes de lo que parecen (para acertar), como si tuvieran dos años más de los que tienen y como si algún día fueran a dar todo lo que se les pide y aún no dan. Es la forma de que lo den. La más directa: decirles lo que han de hacer, esperar que lo hagan; cuando se compruebe que no lo han hecho, confiar en que lo hagan pese a no haberlo hecho; si siguen sin hacerlo, seguir diciéndoselo y confiando en que lo harán cuando maduren. En educación cuentan las cosas cuando acaban, no antes. Lo harán si esperamos, sin desesperar.

27

LA ESCUELA QUE ESTARÍA A LA ALTURA DE LA NECESIDAD Y GENIALIDAD

En una clase de veinticinco personas hay veinticinco genios humanos. Y entre ellos, estadísticamente, uno puede tener «trastorno por déficit de atención e hiperactividad»; otro, dislexia (lo más probable es que sean chicos); dos, chicas o chicos, tendrán otras dificultades de aprendizaje; cuatro o cinco, la lateralidad cruzada; siete u ocho, predominancia hemisférica diestra (la más creativa, imaginativa, y la que menos puntúa en las evaluaciones); cuatro estarán pasando por circunstancias afectivas difíciles; uno tendrá dificultades auditivas, visuales o psicomotoras aún por descubrir; dos, creciente timidez o complejos; dos más, estrés crónico (y uno, ansiedad); cuatro tendrán tendencia a una agresividad que exige orientación; diecinueve serán sobreprotegidos y tendrán manifiesta tendencia a la frustración; veinticinco sufrirán baja autoestima respecto a lo que realmente valen; veinticinco pre- o adolescentes serán inseguros o inseguras, muy sensibles al afecto y a sus emociones, con tendencia a la ingratitud y a la desconcentración...

Todos serán los alumnos y alumnas ideales para un buen docente.

La escuela que necesitamos, la que merecemos, hará:

Más trabajos escritos a mano,

en folios o cuadernos en blanco, sin pautas infantiles que retrasan su madurez intelectual y espacial desde los ocho años;

enseñará a redactar ideas, pensamientos, argumentos, opiniones, descripciones, narraciones;

enseñará a presentar sus trabajos originales, con caligrafía legible y personal,

sin cortar y pegar de otros autores de los que desconocen si son autoridad o no en la materia y sin citarlos, sino parafraseando estudios de verdaderos expertos;

enseñará a leer bien, comenzando por distinguir palabras, no antes letras o sílabas;

consultará en libros y artículos académicos, más que periodísticos o en *blogs*;

enseñará a distinguir la fiabilidad de sus fuentes;

premiará pensar, intuir, calcular, comprender, explicar, prever, aportar, aprender;

enseñará a comunicarse verbal y no verbalmente, kinésica, paralingüística, proxémica, grafológica, artística, gráfica y espacialmente;

enseñará lo importante;

atenderá la diversidad integral de cada alumno y alumna, teniendo en cuenta la diversidad de cada docente;

hará una adaptación curricular individual para cada uno y una;

no agrupará a las personas por dificultades en función del docente, el centro o las autoridades educativas;

humanizará la relación afectiva entre trabajadores del centro escolar, familias y alumnado;

enseñará cómo empezar a quien no sepa cómo hacerlo y cómo continuar a quien sí lo sepa;

enseñará con interés y pasión,

con satisfacción.

Para todo ello, convendría establecer unas veintiuna asignaturas trimestrales —si ya en la universidad son cuatrimestrales—, para poder añadir las que siguen (ineludibles en la necesidad actual) a las ya tradicionales y actuales, que se podrían dejar anuales, por ejemplo: Matemáticas, Lengua, Idiomas, Cultura Religiosa, Naturales, Sociales, Historia. De manera que, a estas anuales, se unan, con duración de un trimestre:

— Creatividad.
— Técnicas de aprendizaje para aprender lo que se necesite aprender.
— Gestión emocional: gestión del esfuerzo, cansancio, aspiraciones, frustración.

— Habilidades sociales: convivencia presencial y en redes.
— Teatro y expresión corporal, técnicas de creación audiovisual y lenguaje cinematográfico.
— Música y otras artes, entre ellas literatura, separada de la historia de la literatura.

— Física, lógica, filosofía y cultura clásica para niños.
— Cultura actual: tradición, refranes e innovación.
— Diseño y estética digital.
— Diseño robótico y máquinas.
— Técnicas de observación, escucha y estimulación de los sentidos.
— Ética, felicidad y antropología: cómo somos cada uno y una, cómo son los demás, cómo se genera la felicidad.

— Lectura: técnicas para leer mejor, con menos cansancio, más críticamente.
— Hablar en público y redactar todo tipo de textos.
— Comunicación no verbal.
— Comunicación verbal y conexión interpersonal.

— Técnicas de investigación científica y organización de ideas expuestas: esquemas y análisis.
— Astronomía y realidad: desde el universo a lo cuántico.
— Habilidades domésticas.
— Organización y trabajo cooperativo.
— Culturas del mundo: americana, asiática, africana, oceánica...

Con docentes formados para ser buenos docentes de cada alumno y alumna, en lo que necesita, personalizada e integralmente, en todas sus dimensiones, con espíritu crítico y libertad, sin manipulación ni incompleta, cada curso escolar, da igual el tipo de centro que sea. Ya que todos están sostenidos con los impuestos de los que pagan impuestos y ya que hay docentes ejemplares en los centros públicos, privados-concertados y privados no concertados, como alumnado excelente en los tres y familias necesitadas e implicadas en los tres. Que no nos polaricen, que no nos utilicen, y menos a nuestros niños, niñas, adolescentes, que deben aprender a sacar lo mejor de todos y aprender a vivir bien en cualquier escenario.

Una sugerencia concreta de las posibles
APLICACIONES A TU HIJO

Necesitamos una escuela más completa y humana. Como la que logran cada día miles de docentes y no logran otros miles. La forma de lograrlo es que todos lo intentemos desde nuestro puesto en la escuela, que es justo el mejor: el nuestro. Nuestros hijos e hijas, en el suyo. Más completos y humanos, más sensibles en cada situación y más geniales: más humanos, comprensivos, admirables.

28

LA GENIALIDAD APLICADA AL CORAZÓN FAMILIAR: EL MULTIVERSO DE ÁLVARO

Álvaro era un genio de dieciséis años. Sus padres se separaron cuando él tenía tres. Vivía con su madre y con el compañero de esta, Nico. Ella no había tenido más hijos. Su padre vivía en la misma ciudad, con Rosa. Con ella había tenido un hijo, ahora de dos años: el hermano pequeño de Álvaro, con el que convivía de miércoles a viernes y fines de semana alternos.

Álvaro era muy inteligente. Un superviviente afectivo.

Había llegado a la siguiente conclusión, que me describía, deseando mi complicidad; una genialidad de un corazón de dieciséis años solo:

—Yo pertenezco a otro tiempo. Al tiempo en que mi padre y mi madre se conocieron, cuando se querían y me tuvieron. Así de sencillo, ellos se querían, se amaron, quisieron tenerme a mí, me tuvieron. Nací yo. Durante tres años, los tres fuimos felices.

Pero se acabó.

Decidieron romper. Supongo que lo pensaron bien y que no les quedó más remedio. Se rompió nuestra historia juntos, para siempre.

Yo fui el fruto de su amor, la consecuencia de lo que se querían. Dejaron entonces de quererse y yo dejé de tener el sentido que había tenido hasta entonces. Me desvanecí en la historia, pero, algo raro, seguí viviendo. No era ya el fruto de su cariño, que es por lo que yo había nacido, pero allí estaba. Me quedé vivo, pero fuera de tiempo.

Mi madre se fue a vivir a un piso, mi padre a otro. Yo tenía que ir con uno, porque no podía dividirme en dos. Mi madre conoció a Nico y este se fui a vivir con ella. Mi padre conoció a Rosa y se fue a vivir a su piso. Ellos rehicieron su universo. Y deshicieron el ante-

rior. Se quedó en el pasado. Yo me quedé en un universo que ya no existía, en el pasado, sin tiempo, y sin espacio mío.

Me quedé como en un multiverso, al tiempo materno y al tiempo paterno. Repartido y en ningún sitio. Eso sí, con cara de «¡qué bien!», no fuera que me quedara sin universo ninguno. O el multiverso es irreal y en realidad donde yo me he quedado es fuera de todo. Me he quedado fuera de tiempo y en un espacio prestado. El que me prestan de lunes a miércoles mi madre y su novio, y el que me deja mi padre de miércoles a viernes y los fines de semana que les toca a ellos. Porque a mí no me toca ninguno como antes.

Yo soy de la unión de los dos, pero los dos ya no existen juntos. Así que yo ya no tengo ni sitio ni tiempo. Me he quedado fuera, vivo, pero fuera. Es extraño. Eso soy, un extraño, extraño, que sobrevive en un multiverso de nadie más que yo solo. Hecho de trocitos de la vida de mi madre y de trocitos de la de mi padre. Teniendo que intentar vivir también en el universo de Nico para que él esté bien, mi madre esté bien y yo pueda estar bien con ella. Teniendo que adaptarme al universo de Rosa, para que ella esté bien también, y mi padre, y no lo pierda, porque mi padre ya mira a mi hermano pequeño como el fruto de su nueva vida, de su presente, de su vida real: yo solo soy la consecuencia de otra vida que tuvo y que, con responsabilidad, y supongo que por cariño, tiene que sobrellevar, pero ilusionado y con las manos puestas en lo que ahora le toca: su nueva familia. El problema no es suyo. Él tiene familia a la que dedicarse. El problema soy yo. Que pertenezco a una familia que ya no existe. Al pasado.

¿Ves? En mí estás viendo un reflejo del pasado en vida, como un holograma muy realista, pero que en verdad se quedó estancado en los tres años, aunque siga creciendo para parecer real a quien lo vea.

Un multiverso, un rompecabezas que nunca se junta en verdad.

—Te invito a merendar, anda, Álvaro —le contesté—. *¿Qué te apetece? En la vida real, ¿quieres un bocadillo real, una Coca-Cola?, hoy, en tu tiempo real, el tuyo y el mío: el nuestro. En tu universo, que es el mismo que el de tu padre y tu madre. No eres del pasado, sino del presente, donde eres feliz, porque has decidido serlo y tú siempre ganas poniendo más cariño. Los tres seguís realmente unidos, es la realidad. Mucho más de lo que podíais estar. Como en*

tus primeros tres años de vida. Igual y más. Tú lo haces posible cada día, miércoles, domingo o lunes. Es tu cariño la unión de tu padre y tu madre. El suyo no los une, pero el tuyo sí. Su amor creó hace dieciséis años un universo infinito. Tú y tu cariño, el amor de verdad, tuyo, el que te tienen tu madre y tu padre; el que te tiene el Dios, que te mantiene encantado contigo y con tu dulce existencia, mantiene ese universo rico, vivo, fuerte, en equilibrio, eso sí, pero real. Has mantenido el universo de tus tres primeros años durante los siguientes trece, aunque tu madre y padre no lo saben.

Merendamos estupendamente en la cafetería que hay junto a la consulta educativa que nos une. Es un genio. Un tesoro disfrutar de poder animarle. ¡Es un *crack*!, resolviendo problemas afectivos: una genialidad, multigenialidad. Le aconsejé que cambiara su visión *multiversa* por una realidad compleja que no dependía de él pero él mantenía unida sin saber cómo, sostenida en el aire, pero sostenida con armonía.

—*Disfruta del martes* —le dije, porque era martes aquel día.

Supe que no tendría problemas, porque había genialmente construido un universo de amor a todos, debido a su bondad.

Una sugerencia concreta de las posibles
APLICACIONES A TU HIJO

Hay que mirar con los ojos de cada hijo o hija, no desde nuestra posición paterna o materna, de familiar o de educador, sino con la suya, si nos importa de verdad lo que le pasa y si queremos, de verdad, ayudarlo a ser feliz, pese a las circunstancias que se den.

29

LA SOLUCIÓN, TAMBIÉN GENIAL, DE PAULA

Así, genial, es también quien pasa de siete suspensos a media de notable en dos meses, como quien pasa de notables y sobresalientes a cinco suspensos porque es su forma de protestar ante su padre, al enterarse de que engañaba a su madre con una secretaria de la empresa sin la madre saberlo aún.

Las calificaciones de Paula en Primaria normalmente eran sobresaliente. En 1.º de ESO, también. Durante el verano, tras ese primer curso de Secundaria, descubrió la infidelidad de su padre, a finales de agosto, y se vio atrapada sin saber qué hacer. Había admirado a su padre hasta entonces. ¿Debía decirle a su padre que lo había descubierto? ¿Se lo debía contar a su madre? ¿Podría aguantar mucho más con aquel corrosivo secreto?

Empezó el curso y, en noviembre, sus calificaciones académicas habían descendido. En diciembre, sus notas trimestrales fueron cuatro suspensos, un notable, y las demás con un cinco. Inauditas en Paula. Todas las alarmas habían saltado. Aún no había contado a nadie el secreto de su padre.

El claustro del profesorado me pidió, como orientador del centro, que hablara con ella. Algo pasaba.

Después de ofrecerme por si necesitaba que le ayudara a hacer un plan de mejora de notas, planificar sus estudios, mejorar la técnica que estaba utilizando…, ella me dijo que no me preocupara, que no le pasaba nada.

—*Algo está pasando y gordo* —le dije.

Ella quiso tranquilizarme entonces diciendo que había suspendido porque había querido y que quería seguir suspendiendo, pero que no me preocupara:

—No se preocupe, de verdad, don Fernando, lo tengo controlado.

Estuvimos hablando largo rato y acabó contándome lo que ocurría en su casa, su dilema y sufrimiento a solas. Me dijo que estaba suspendiendo porque sus notas eran de lo que más presumía su padre ante la familia y amigos. Por eso estaba suspendiendo, para castigarle por lo que había hecho y seguía haciendo seguramente. Era su forma de hacerle ver que su infidelidad destrozaba todo lo que tenían. Empezando por sus notas. Que nada podía quedarse igual después de su infidelidad.

—Estoy bien, de verdad, solo que necesito suspender y quiero y voy a seguir suspendiendo.

Tal y como pidió ella, después de mucho hablarlo Paula y yo, hablé con su padre, para decirle lo que sucedía. Estaba extrañado y preocupado con su repentino y persistente cambio de notas. Al oír la causa, no la creyó. Dijo que mi trabajo consistía en convencerla de que estudiara, que siempre había sacado buenas notas sin estudiar apenas y ahora, al llegar a 2.º de ESO, habría notado el incremento de dificultad y estaba tomando el problema matrimonial de sus padres solo como excusa, porque ella misma se habría sorprendido de los primeros cuatro suspensos. Que se estaba excusando. Que su mujer sabía lo de su infidelidad con la secretaria.

Hablé con la madre y lo sabía.

Respecto a las notas de Paula, les aconsejé a ambos que permitieran con paz que suspendiera. Era su forma de descargar su estado de ánimo. De asegurar que ella al menos no hacía como si no pasara nada, porque pasaba y ella lo sufría.

Cada uno encuentra su forma de descargar su tensión afectiva, sobre todo, cuando es tan intensa e íntima como la de Paula. Protestar es sano en esas ocasiones.

Paula lo estaba haciendo de la forma que creía que más llamaba la atención de sus padres, pero no dañaba a nadie, salvo a sí misma.

Yo aconsejé a sus padres que se preocuparan por las notas y que lo manifestaran a Paula, que el padre le pidiera perdón por lo ocurrido, aunque siguiera ocurriendo, y que, en el fondo, se alegraran de que Paula no hubiera utilizado otro modo de llamarles la atención más agresivo y perjudicial. Mi experiencia ha visto que, si las notas no bastan, la escala incluye la bebida y, si esta no basta, el consumo de otras drogas y de relaciones efímeras, si creen que estas preocuparían a sus padres. Les había dicho:

—Bajar sus notas siempre es mejor que cualquier compleja adicción que pueda dejar en Paula una secuela difícil de sanar. Las notas se mejoran con facilidad. En 4.º de ESO*, si hace falta, cuando vea que no compensa seguir dañándose por algo de lo que no tiene ella ninguna culpa.*

Se manifestaron —especialmente el padre— molestos con mis comentarios. Les pareció que evadía el problema, sacándolo del ámbito escolar. No lo hacía: aquello era el ámbito escolar. Paula era una hija y una estudiante en una sola persona a la que lo que le ocurría fuera de la escuela le afectaba, en sus notas.

Me dijeron que eran intolerables sus notas y que, si no mejoraba, quizá fuera el momento de buscar otro centro.

En junio suspendió dos. El año siguiente no siguió en el centro escolar. El padre culpó al centro.

Al cabo de los dos años, el padre me encontró por la calle y más tarde me llamó. Paula le había pedido localizarme: tenía un problema con la bebida, se emborrachaba cada fin de semana. Una noche incluso había llegado al coma etílico y su padre tuvo que ir a por ella al hospital. Sus padres ya no se comunicaban entre ellos, sino a través de Paula o los abogados, y su relación era muy conflictiva.

Nos alegramos de vernos. Apelé a la genialidad de Paula. Dos meses después dejó de beber y las relaciones frívolas con sucesivos chicos que conocía cada fin de semana y que tanto molestaban a sus padres.

Todo mejoró al poco. Tuvo que hacerlo ella. Suspender había sido una genialidad, la que se le ocurrió con su experiencia de 2.º de ESO. Ojalá hubiera bastado para no pasar de ahí, como pasó. Cuando vio que tampoco así lograba lo que necesitaban (perdonarse todos y quererse), entonces optó por la genialidad de pedir ayuda y, por eso, se recuperó.

Hoy estudia su carrera universitaria y nadie recuerda lo que pasó, salvo ellos.

Una sugerencia concreta de las posibles
APLICACIONES A TU HIJO

Hay que estar atento a los modos de los hijos e hijas de percibir, asimilar y reaccionar ante todo lo que los padres y madres hacemos. Nos dan las pistas suficientes para llegar a tiempo, y si no, para llegar después, pero llegar.

30

PADRES Y MADRES QUE FOMENTAN LA GENIALIDAD

La genialidad se fomenta o se desprecia. Padres, madres, docentes, educadores y educadoras pueden fomentarla en todo ser humano al que quieran y desean sacar de ellos y ellas lo mejor (educar, de *educare*: conducir hacia fuera).

Para fomentar y desarrollar esa genialidad es preciso tener en cuenta y fomentar en casa, en la práctica ordinaria, las siguientes ocho acciones:

En él o ella	*En nosotros*
Preguntar.	Responder.
Pensar.	Reconocer y admirar lo que piensan.
Descubrir.	Incitarles a descubrir por ellos y ellas mismas cómo son el mundo que los rodea y el distante, cómo son y cómo pueden vivir eficazmente en ellos.
Experimentar.	Decirles las cosas y no molestarse por que las experimenten para comprobarlas.
Tener espíritu crítico.	Enseñarles cómo distinguir *verdad* de *mentira*, *importante* de *secundario*, y a obedecer solo porque respeten y se fíen de quienes le mandan, conquistando su propia voluntad, atemperando su personalidad, haciéndose libres; y porque quieren, aunque no les apetezca. Pero no decepcionarse cuando desobedezcan o aún se mantengan poco educados en algunos aspectos, que la madurez irá mejorando, si confiamos en ellos o ellas.
Saberse valiosos además de queridos.	Demostrarles en qué son valiosos y podían no serlo, además de lo que hagan bien.

Aprender y, por tanto, saber.	Enseñarles las verdades y aspectos vitales importantes, junto a refranes y lo que sabemos que sirve por tradición familiar más que por experiencia personal.
Persistir.	Nunca se fracasa si no se abandona, ante el cansancio, cuando uno cree que no saldrá sin haberlo vuelto a intentar mejorando algo de lo mejorable.

Quienes la fomentan han aprendido a disfrutar. a través de ella, de quien la genera. No la temen, la reconocen, la aprecian, la admiran, la estiman y la premian con su satisfacción personal, el mejor premio para quien es genial.

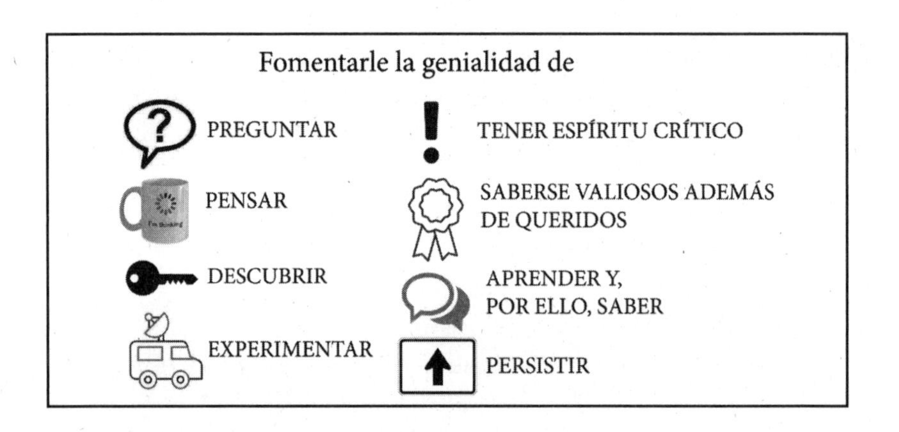

Una sugerencia concreta de las posibles
APLICACIONES A TU HIJO

Conviene recordar una ocasión en que él o ella preguntó, otra en la que pensó, otra en la que descubrió, experimentó, tuvo espíritu crítico, se dio cuenta de que es valioso, aprendió algo y persistió. Recordárselo a él o a ella, como una anécdota que se atesora.

En otro momento, proponerle hacer lo mismo cuando se dé la ocasión, la oportunidad, y sea conveniente preguntar, pensar, descubrir, experimentar, tener espíritu crítico, darse cuenta de lo valioso que es, aprender algo y persistir. Ocho acciones necesarias.

31

SER GENIAL, BUENO; Y DISFRUTAR

En efecto, para ser genial es necesario ser capaz de invertir tiempo, ilusión, dinero, habilidad, esfuerzo en lo que parece que no sirve más que para evitar aburrirse.

Las actividades en las que muchos genios que conozco se entretienen de forma muy fructífera, aunque no lo parezca (cuando les permiten tiempo para ellos y las tareas escolares o extraescolares los dejan), son:

— Jugar a hacer construcciones con logos.
— Coleccionar sellos con la imagen de presidentes de Gobierno y reyes del mundo.
— Coleccionar billetes de todos los países.
— Escribir un libro sobre la historia de los equipos de fútbol que nunca subieron por encima de la tercera división.
— Escribir otro sobre los integrantes de la selección española de fútbol de los años veinte a los ochenta.
— Aprender a distinguir el mayor número de aves, por su canto o piar. O por su vuelo.
— Aprender a distinguir el mayor número posible de árboles y arbustos.
— Aprender grafología.
— Aprender a hacer papiroflexia.
— Escribir poesía.
— Leer biografías.
— Cultivar plantas.
— Aprender a cocinar o cocinar más, y hacer un concurso de *chefs* con amigos o familia, con los comensales de la familia como jurado.
— Aprender a pintar sobre lienzo o intentarlo.

- Hacer una maqueta de Hogwarts o de la Tierra Media de *El señor de los anillos.*
- Escribir un teatro y representarlo con amigos, creando una compañía de teatro veraniega, cobrando la asistencia a la función, barata (1 €), pero que permita pagar decorado y vestuario y celebración final de actores; o si no, al menos, parte.
- Hacer una escultura.
- Escribir un cómic o una colección de cuentos.
- Aprenderse las capitales de todos los países de un continente o del mundo.
- Aprender a tocar un instrumento y canciones con YouTube.
- Aprender la etimología de los nombres de la familia.
- Hacer un cuadro genealógico de la familia, preguntando a toda la familia e investigando, ilustrando con fotos de Internet los lugares, hasta disponer de material para convertir el cuadro en un libro sobre la historia de la familia, mezclándola con acontecimientos históricos simultáneos, nacionales e internacionales.
- Hacer un pódcast sobre la vida cotidiana de donde se veranea o sobre un tema que guste.
- Hacer vídeos de un minuto sobre el tema que guste.
- Hacer maquetas de barcos, aviones, una granja con distintos establecimientos.
- Hacer una línea del tiempo del solar donde vives.
- Crear un juego de mesa para jugar con amigos o familiares.
- Jugar a juegos de mesa ya creados y comerciales.
- Crear un guion de un corto cinematográfico y grabarlo con la actuación de amigos o familiares y la cámara de un móvil.

A la genialidad le conviene hacer cosas inéditas, no acostumbradas, sin función directa. La genialidad se suelta si se centra, distrae y disfruta en hacer algo, no porque sea conveniente hacerlo o haya que hacerlo, sino porque le gustaría hacerlo, sin más función. Porque puede hacerlo, se le ha ocurrido a uno o una misma y no le hace daño.

Todo niño y niña es capaz de hacer más de lo que debe hacer. Y es bueno que haga más cosas que las que debe. Cosas que aparentemente no sean útiles, sino buenas.

Los padres y madres pueden ser los mejores aliados en estas distracciones inútiles, insustituibles y tan valiosas.

Una sugerencia concreta de las posibles
APLICACIONES A TU HIJO

La genialidad se demuestra en los momentos claves de la vida, pero se desarrolla cuando nadie espera nada. Sin presión, cuando parece que hacer algo no es necesario ni obligatorio y, por eso, como todo lo que no es necesario, es más valioso.

Hay que asegurar tiempo para que el hijo o la hija se aburra y decida qué hacer en ese tiempo en que no ha de hacer nada: el más valioso.

No es sano rellenar el tiempo de un hijo que tiene que aprender por sí mismo a rellenarlo.

LA SENSIBILIDAD DE LOS NIÑOS Y NIÑAS DE HOY: MOTOR DE LA GENIALIDAD

32

¿QUÉ ES EN REALIDAD LA SENSIBILIDAD?

La sensibilidad es el motor de inicio, la chispa de arranque de la genialidad. La sensibilidad tiene dos caras coexistentes, una apoyada en la otra:

1. Es la capacidad de percibir cuanto se percibe por los sentidos.
2. Es la que ordena según la importancia todo lo que sucede, aconsejando ante qué reaccionar.

Así, alguien con mucha sensibilidad es alguien que capta mucha información por medio de los sentidos y que reacciona por aquello que más le afecta.

Sin entender su sensibilidad no se puede entender a él o ella y aún menos lo que hace, lo que siente y lo que dice. Y, aunque no lo justifica, sí que explica todo lo que aún no hace, no siente ni dice.

La sensibilidad lo abarca todo y, apoyándose en ella, cada uno interpreta todo lo que le sucede. Aunque a veces se equivoca, porque su experiencia es poca, pese a que su sensibilidad sea mucha.

Todos los hijos nacidos después de 1995, cuando se inicia la llamada generación Z (más de un 25 % del mundo), son hipersensibles, tienen una considerable mayor sensibilidad que sus padres y abuelos. Todos.

Captan más información en los microelementos que perciben sus sentidos, especialmente el oído y la vista. Perciben más, aunque no interpreten bien todo lo que perciben. Tienen más datos para entender, pero menos experiencia para interpretar lo que viven.

Se enfrentan a problemas mayores a edad más temprana, sobre todo a problemas afectivos y de aceptación de los demás. Pero lo hacen con la escasa experiencia que les permite su edad cronológica. Y han de resolver esos problemas con lo que tienen. Si su adolescencia comienza antes, a los nueve años, tienden a no pedir ayuda a quienes sí tienen experiencia (sus padres) y acuden a otros inexpertos de su misma edad para intentar resolverlos, o a extraños y *webs* de internet, que los desconocen en la mayoría de sus rasgos claves, según veremos en la pirámide de rasgos de cada uno.

Debido a su hipersensibilidad, perciben mucho más de lo que perciben los nacidos antes de 1995 y mucho más que los nacidos antes de 1960.

Esta hipersensibilidad de hoy exige que aprendan, cuanto antes puedan, a distinguir dónde se encuentran enterradas las «minas antipersona» de la cultura, el terreno donde se mueven y juegan. Sobre todo, entre esas «minas antipersona», han de aprender a detectar las siguientes, debido a su frecuencia y consecuencias, a su capacidad de daño:

— La mina del individualismo. Creer que solo él o ella puede resolver sus propios problemas, que los demás solo lo acompañan pero no le ayudan y que, en el fondo, no entienden lo que siente profundamente, sino solo en la superficie de sus sentimientos y vivencias. Por eso piensa que tanto le pueden ayudar sus padres como un extraño al que presuponen bienintencionado en Internet.

— La mina de confundir la inteligencia artificial con las respuestas humanas. Sentirse acompañado por reacciones de un algoritmo, una máquina programada para simular las reacciones humanas; acostumbrarse a tratar con los demás humanos no presencialmente, con todos los matices personales que ello comporta. Es decir, hacerlo a través de mensajes, sobre todo escritos, que eliminan muchos de los elementos no verbales de la comunicación, los que más información contienen. Creyéndose comprendidos en ellos, sin serlo como necesitan.

— La mina de la propia esclavitud. Si nadie lo chantajea, explota, compra, él o ella misma se extorsiona, chantajea, vende, minusvalora y explota, sometiéndose como medio a cambio de su producto, lo que es capaz de dar o hacer para provecho de otros a cambio de migajas de compensación, obviando lo que es en realidad su dignidad y su libertad, en el trabajo, en las relaciones personales, sociales, presenciales, y en las redes sociales.

— Indiferencia ante la esclavitud de otros. Pensar que, mientras no sufra él o ella, no ha de reaccionar, porque en el fondo, aunque cree que es grave que otro sufra, no cree que sea urgente ni decisiva su reacción y así nadie reacciona. Esta indiferencia está relacionada con la cultura de inicios del siglo XX que un poeta alemán denunció en un poema que conviene recordar (no es de Bertolt Brecht, aunque muchos se lo atribuyeron, porque él lo difundió), escrito por el pastor luterano alemán Martin Niemöller en 1955 o quizás antes:

Cuando los nazis vinieron a llevarse a los comunistas,
guardé silencio,
ya que no era comunista.

Cuando encarcelaron a los socialdemócratas,
guardé silencio,
ya que no era socialdemócrata.

Cuando vinieron a buscar a los sindicalistas,
no protesté,
ya que no era sindicalista.

Cuando vinieron a llevarse a los judíos,
no protesté,
ya que no era judío.

Cuando vinieron a buscarme,
no había nadie más que pudiera protestar.

Curiosamente, en las primeras versiones de este poema se incluía también a los pacientes incurables, a los católicos, a los testigos de Jehová y a los civiles en la Alemania ocupada por los nazis.

— La mina de aceptar etiquetas o agrupamiento polarizado. Asumir y dar por justo que otros lo encasillen, los que lo engañan con promesas de comprensión falsa, utilizándolo, con tal de aumentar el poder del *lobby* que defienden y los mueve en única instancia. Enfrentándolo a los demás. Convenciéndolo de que se encuentra agredido por otro polo, que se alimenta de que no prospere él, lo que no es cierto.

— La mina de la depresión (un tipo de depresión que se podría prevenir). Creciente desde los nueve años por su relación con la hipersensibilidad y la adolescencia, con su intolerancia a la contrariedad y a la imperfección y su sensación de soledad ante sus problemas o su individualismo.

— La desesperación y el suicidio como única forma de no sufrir. No descubrir que la felicidad, para crecer, necesita el humus o residuo que solo crean los problemas, las contrariedades, las dificultades. Sobrevivir es el objetivo, no que todo esté bien. No es feliz quien no tiene problemas, lo que es imposible. La persona feliz tiene dificultades, a veces grandes, que sacan lo mejor de ella y de los que tiene alrededor que la quieren. El suicidio ha crecido alarmantemente, se considera como opción en problemas menos graves y a edad más temprana que nunca, en Primaria. Superarlo es más fácil si se actúa rápido. No es nunca opción: nunca.

Sentir que la muerte libera del sufrimiento es la consecuencia de no haber entendido las claves del sufrimiento, la vida, ni de la aptitud humana que requiere vivir: con un extra de genialidad y de sensibilidad.

— La mina de sentir poco valioso lo muy valioso. La baja autoestima que le hace a uno sentirse culpable. Tanto que solo puede sobrevivir echando la culpa a los demás por no haber venido en su rescate. No ser nadie, no ser quien desea y no aceptarlo, depender de los otros y defender una imagen falsa, de la que cree que depende para parecer mejor.

— Hiperactivismo y estrés. Creer que se es más útil si se hace mucho, desperdiciando los descansos que nos preparan para ser eficaces en la actividad que sigue.

— la mina del ruido. Evitar el silencio, como enemigo, como alimento de soledad o frustración, cuando es su contrario, el único remedio para discernir la realidad de lo falso. El ruido lo consume sin control ni libertad, anestesiando su voluntad y su satisfacción: su felicidad.

— La mina de creerse valioso en función de lo que se hace. Creer que uno vale lo que vale cuanto produce. Pensar que —como enseña el marxismo— uno solo vale lo que hace: no la persona, sino el trabajo que realiza, la función social que cumple; no tiene valor en sí mismo, justificación ni razón de ser. Creer que el puesto de trabajo o el reconocimiento social dicen lo que uno vale. Creer que el prestigio tiene que ver con el sueldo o con el poder.

Una serie de minas que hay que aprender a detectar, porque la sensibilidad no es cuestionable: es una necesidad, merece la pena siempre. De hecho, no hay nada peor que la insensibilidad, porque aniquila todo lo bueno.

Para aprender a sortear las «minas antipersonales», a gobernar y desarrollar la sensibilidad

La sensibilidad tiene un componente innato, insignificante comparado con el resto, el componente que puede adquirirse, el decisivo. De modo que la sensibilidad, como la inteligencia, es susceptible de desarrollarse o desperdiciarse.

Su desarrollo requiere intención, interés, acción.

Entre los consejos que podrían seguirse para mejorar el gobierno y el desarrollo de la sensibilidad, recogemos:

◊ Para ejercitar en él o ella:

- — Agudizar los sentidos, entrenarlos. Cada sentido por sí solo: agudizar la vista con ejercicios en que se haya de fijar en captar más información visualmente con menos tiempo; lo mismo con el tacto, el olfato, el gusto y el oído (pueden encontrarse ejercicios para ello en los libros *Nuestra mente maravillosa, Pequeños grandes lectores* o *Educa sin estrés*, entre otros).
- — Ejercitar la lógica y la distinción entre verdad y mentira: hacer prácticas.
- — Distinguir lo importante de lo secundario: hacer prácticas.
- — Ejercicios antes expuestos para la genialidad del joven futbolista.
- — No echarles la culpa a otros.
- — Ser agradecido: no el centro.
- — Jugar a juegos de mesa o ver series junto con el resto de la familia.
- — Practicar un deporte, crear un huerto (o al menos cuidar una maceta) o aprender a tocar un instrumento.
- — Darse cuenta de que uno vale más por lo que quiere hacer mejor que por lo que hace.
- — Asumir, como un contraste de seguridad, que el fin no justifica los medios nunca. Actuar en consecuencia.
- — Saber que todos somos más amados de lo que percibimos y que tenemos mayor capacidad de amar de la ejercitada.
- — Nadie es comparable ni sustituible.
- — Lo bueno pesa más.

— La solución de la mayoría de los peores problemas es no huir, no abandonar ni desesperarse.
— Aceptar que sin problemas no se es feliz.
— Preguntar ante los problemas a quien sepa resolverlos: psiquiatra (si se trata de una enfermedad), psicólogo (si se trata de un trastorno psicológico o trauma), un educador (si se requiere motivación, estímulo, planificación, orden, estima, rendimiento, educación) o un amigo (si es sobre la vida común que todos viven y el amigo ha resuelto felizmente).
— Proteger el protagonismo: pedir opinión, apoyo en la reflexión, pero decidir uno mismo.
— No preocuparse: tu mañana no depende de lo que hagas hoy. Hay milagros que ocurren todos los días, pese a lo mal que se hizo antes. Puede comenzar hoy un milagro: mira si puedes provocarlo. Todos los milagros empiezan con algo débil.

◊ Para ejercitar en los padres, madres, educadores o docentes:
— Confiar en la intuición del niño o niña, adolescente o joven, respecto a lo que los padres o educadores duden.
— Confiar en su bondad, en su madurez comparada con sus iguales y en su inteligencia humana, en su capacidad de genialidad y en su sensibilidad.
— Premiar con satisfacción y cariño profundo, desinteresado, la obediencia voluntaria (en el gesto de satisfacción, pensar qué buena persona es ese hijo o hija y cuánto se lo quiere).
— Asegurar la propia sensibilidad del educador, docente o familiar: revisar la importancia de lo que sucede y hace reaccionar. Por si requiriera cambios.
— Tener en cuenta los siguientes *tips*:
✐ Describirles la tradición familiar de los abuelos y bisabuelos. Refranes y frases que decían.
✐ Ser imperfectos y dejar que lo sean, quedando bien, sin agobio.
✐ Aceptar vuestra realidad, sin brillo en mucho.
✐ No adaptarse: ir contracorriente, premiar que lo hagan.

- Convencerse de que lo importante no es tener prestigio profesional, sino el bien que se hace a muchos con el trabajo.
- No prepararlos para el futuro, sino para el presente.
- Dedicar mucho menos tiempo al análisis.
- No echar la culpa a otros.
- La esencia, ni siquiera la manifestación de cómo van las cosas, está en los resultados.
- Ser agradecidos: no el centro.
- Jugar a juegos de mesa con él o ella.
- Actúa como si creyeras que el fin no justifica los medios nunca: serás más justo.
- Recuerda *El patito feo* y *El traje del emperador* y coméntalo con él o ella.
- Nadie es comparable ni sustituible.
- Lo bueno pesa más. Si hace algo bueno es más importante que mucho malo.
- La verdad no hay que defenderla, se defiende sola.
- La solución es no huir ni abandonar.
- Sin problemas no se es feliz.
- Organizar más familiarmente los cumpleaños y los Reyes Magos.
- Darles opción: desobedecer con buenas formas u obedecer con malas caras pero porque quieren a quien obedecen.
- No comparar a nadie.
- Enseñarle a tratar a los demás bien, tratando bien a aquellos a los que menos beneficios se les saca.
- Convencerse de que todo tiene solución, implicándose y preguntando a quien sabe resolverlo.

La relación de la sensibilidad con la genialidad

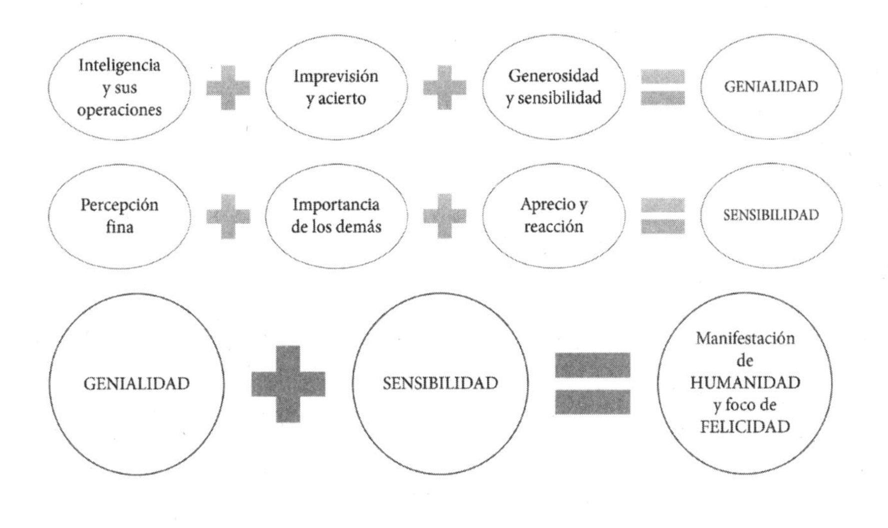

Una sugerencia concreta de las posibles APLICACIONES A TU HIJO

La genialidad es parte de la felicidad y es un cúmulo formado por la inteligencia y sus operaciones, lo nuevo y admirable, lo imprevisto, el acierto, la generosidad, lo que se percibe atentamente, la importancia que se le da a los demás en la propia vida, la jerarquía de lo que vale cuanto sucede y lo que, por tanto, merecen la pena nuestras reacciones, no mostrar indiferencia.

El mejor ejemplo ante él o ella será el nuestro. Nuestro empeño sincero en poner en lo que hacemos pasión, atención, generosidad, gratuidad, donación, importancia, la inteligencia que tengamos, buena intención; intentando acertar, nunca mostrando indiferencia por nadie; pensando bien, que es como más se acierta.

33

LA SENSIBILIDAD DE TU HIJO CONCRETO

Cada hijo o hija es único o única y tiene su propia sensibilidad. Mayor que la de sus padres, con toda seguridad, y diferente.

Aprender las singularidades de la persona que es nuestro hijo e hija lleva toda la vida.

Muchos son los matices únicos que en la persona de cada uno y una se apoyan sobre un cimiento que sí es preciso conocer también lo más posible, para poder dedicar la vida a aprender lo que lo singulariza. Si no, no llegaríamos a él o a ella jamás.

Para conocer la sensibilidad de un hijo o hija, nieto, nieta, familiar, alumno o alumna, hay que tener en cuenta todo lo que es y dónde se encuentra, con todas sus características, rasgos, propiedades, vivencias, que provocan sus comportamientos y reacciones, pensamientos, razonamientos, emociones, sentimientos y todo lo que conforma lo que es. Si lo queremos, lo hemos de querer a él o a ella en sí, la realidad completa que es: todo lo que es, inseparablemente, y cómo es, realmente. Toda su pirámide a la vez:

PIRÁMIDE DE LOS RASGOS DE CADA SER HUMANO

Para entenderlo, además de quererlo (es decir, para que se sienta querido al entenderlo), empecemos por conocerlo bien desde lo más básico.

Es fácil para el adulto que quiere a alguien irse a los extremos: entender que es SER HUMANO y entender las circunstancias y vivencias derivadas de su CULTURA SOCIAL y FAMILIAR, incluso las SINGULARES, las del MOMENTO e INSTANTE, solo las que mejor se perciben externamente. Sin embargo, lo más común es que se nos escapen los rasgos propios del centro, importantísimos: las claves de su ETAPA, EDAD y GENERACIÓN, esenciales para entenderlo y que se sienta mejor entendido y más querido, en el escenario en el que le da miedo no poder ser él mismo o ella misma.

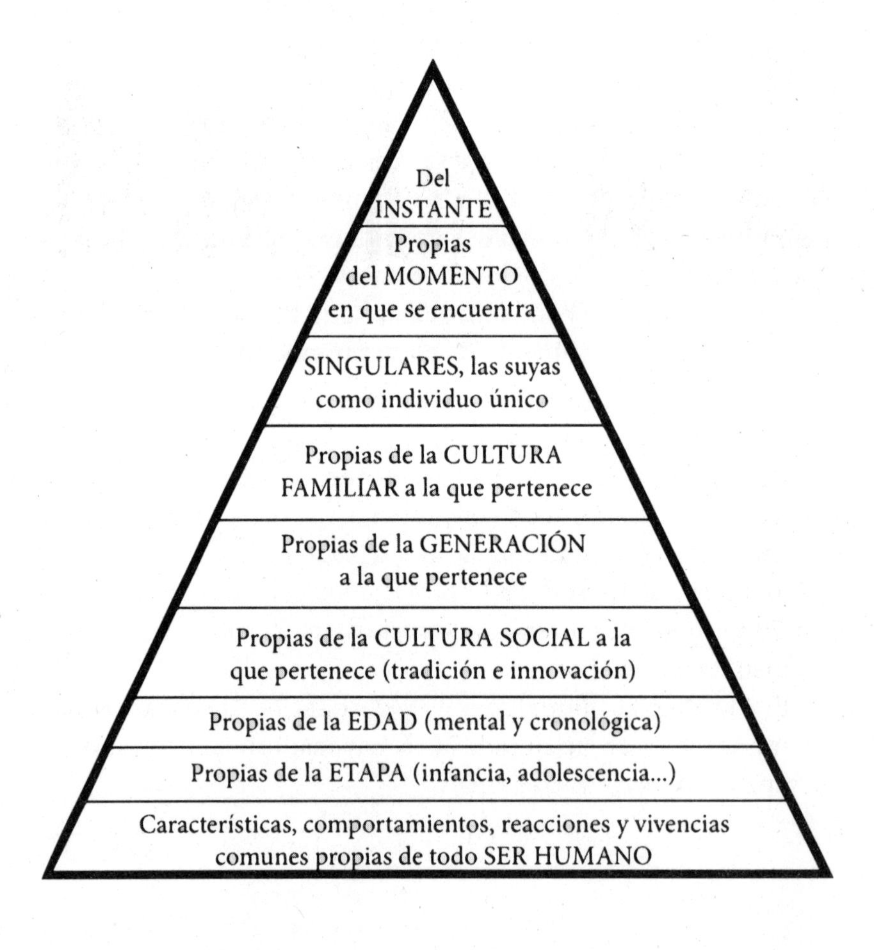

Con los cambios generacionales de las últimas décadas, las etapas por las que el ser humano discurrir su vida evolutivamente han sufrido ligeras modificaciones. Respecto a las edades sobre todo, pero no solo: también respecto a las que antes eran características propias de una etapa, como la madurez, ahora se han retrasado y pueden aparecer en otras etapas. Veamos cuáles se han conformado con el paso del tiempo, desde inicios del siglo XX a la tercera década del XXI, y han cristalizado en nuestros días:

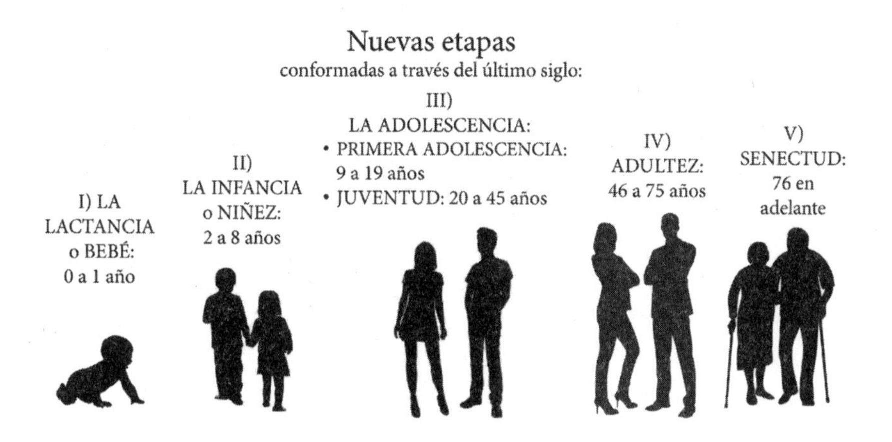

Dentro de cada etapa, cada edad tiene sus propios matices. Pero hay que tener en cuenta siempre que la edad que marca su desarrollo es en un 70 % la edad mental y en un 30 % la cronológica. Así, hay niños con siete u ocho años cronológicos que, al ser su madurez y edad mental dos años más que la cronológica (algo muy común), son adolescentes a los siete años, al menos en un 70 %, porque, en realidad, emplean su mente como lo haría alguien de nueve años.

El concepto *madurez*, como se ve, se saca de la ecuación para definir etapas, porque en cada etapa hay maduros e inmaduros, en comparación con sus coetáneos.

En cuanto a las generaciones a las que pertenece

En el libro *Educa sin estrés* (Toromítico) se describió a fondo cada rasgo definitorio de las distintas generaciones que conviven en la actualidad en nuestra sociedad. No me repetiré aquí y, para ello, solo las enunciaré, esperando que quien desee distinguir más sus rasgos propios pueda encontrarlos en aquel libro:

Nacidos antes de 1960: BABY-BOOM	Nacidos entre 1960 y 1983: GENERACIÓN X	Nacidos en 1984-1994: MILLENIALS, GENERACIÓN Y	Nacidos en 1995-2010: ZILLENIALS, GENERACIÓN Z	Nacidos en 2010-2020: GENERACIÓN Z+1 O DE RR. SS.	Nacidos desde 2020: GENERACIÓN Z+1 O DE AI

Las generaciones antes seguían una pauta biológica (abuelos, padres, hijos: tres generaciones), que es la cadencia que seguían hasta los años setenta. Los cambios culturales que hubo a partir de la década de los años ochenta y su propio cambio de lenguaje provocaron un cambio de generación; este no se dio por el relevo biológico, sino por el relevo cultural y tecnológico. Así, más allá de los hábitos de iniciación de juventud que conllevó la aparición de Internet, los cambios tecnológicos de los años ochenta modificaron una cultura universal.

De este modo, la aparición del lenguaje y escenario digital sorprendió a los nacidos desde 1980 con un doble lenguaje: analógico y digital; y por eso se distingue a estos como la generación Y o los *millenials*. Hasta que los nacidos desde 1995 ya se educaron en uno solo de aquellos dos idiomas, desechando el analógico, y se convirtieron en la primera generación completamente digital: la generación Z o los *zillenials*, que sucede a la Y y antecede a la que se inició en 2010; otro cambio tecnológico, las redes sociales, que modificó la configuración cultural global provocando un nuevo cambio generacional. Así, los nacidos después de la aparición de WhatsApp o Instagram (2010) mantienen una serie de rasgos comunes, y la globalización los unifica, aunque todavía no ha consensuado el nombre con el que apodar universalmente a esta generación Z+1 o «la generación de las redes sociales».

Pero, en 2020, las redes sociales comenzaron a perder interés, porque, para los nacidos desde ese año, pierden sentido, pues tenían sentido cuando relacionarse personalmente era una práctica extendida y hacerlo a través de las RR. SS. era solo su sustitutivo cómodo y rápido; pero a los nacidos tras 2020 ya no les mueve la relación. Inauguran así una nueva generación Z+2, marcada por la relación que mantendrán con los algoritmos que estarán presentes en toda su vida laboral, cultural, de ocio y social.

La relación con la AI (inteligencia artificial) a través de los dispositivos permanentes ha empezado a ser parte de lo que hacen, piensan, sueñan, desean, quieren, sienten, dicen, leen, ven, huelen, tocan, guardan, buscan, gustan y retienen (Spotify, mensajes dirigidos personalmente según tu actividad, estudio de tus movimientos, *cookies*, análisis, observación, grabación...); deberán aprender a no someterse por que parezca más cómoda una vida aconsejada por el algoritmo, que te conoce de tanto observarte y registrar tus movimientos, para buscar el mejor comprador que los necesite conocer.

Sea cual fuere la generación en la que nuestro hijo o hija se encuentre, en las tres últimas generaciones coincide, como rasgo descriptivo para su aniquilación o sanación, la hipersensibilidad. Una hipersensibilidad difícil de entender para los padres y abuelos. Pero han de intentarlo, pues no pueden transferir esa obligación a otra persona ni desatenderla si quieren ayudarla, en cómo aprender a vivir su vida propia para su propia felicidad.

Una sugerencia concreta de las posibles
APLICACIONES A TU HIJO

Quizás convenga hacer una pirámide, poniendo una lista de cuatro rasgos positivos —puntos fuertes— que tiene en cada escalón, en los escalones 1, 6, 7, 8 y 9 de los descritos (los rasgos por SER HUMANO, CULTURA FAMILIAR, rasgos SINGULARES, propios del MOMENTO y del INSTANTE). Al menos tres o cuatro rasgos positivos, y solo positivos, por cada escalón de estos seleccionados. Dejar vacío el resto, los escalones 2, 3, 4 y 5. Comprobaremos así lo diferente que es a nosotros, lo mucho bueno que tiene y lo mucho que nos necesita.

34

SABER CÓMO SON, PARA TRATARLOS CON JUSTICIA Y CONVIVIR FELICES

Teniendo una visión positiva, confirmada en la experiencia, de cómo son los niños, niñas y adolescentes, a continuación se ponen de relieve algunos de los puntos débiles y fuertes que más influyen en ellos. Con el fin de entenderlos más, quererlos mejor y aprender a tratarlos, apoyándose en sus fortalezas y participándoles sus carencias. Porque nadie está determinado por nada, y menos por su generación, por influyente que esta sea a través de sus iguales.

Se trata de un conjunto de puntos de la intercesión en la que coincide la diversidad de etapas, edades y generaciones, para poder concentrarlas en un solo listado útil. Como se apreciará y la realidad enseña, son más los puntos fuertes que los débiles, y de mayor peso los primeros: por eso la esperanza está justificada, sea cual fuere la situación.

Puntos débiles que conocer	*Puntos fuertes en que apoyarnos*
Inconstante.	Flexible: con una gran capacidad de cambio.
No se compromete.	Muy sensible.
Tiende al hundimiento y a la parálisis.	Con capacidad grande de ideales.
Le afectan mucho los microgestos no verbales.	Muy emocional.
Con subconsciente fuerte que desconoce.	Tiene subconsciente.
Desconoce cómo entablar una conversación presencial.	Siente crisis y fracaso: no le gusta lo que hay.
Vocabulario muy limitado.	Rápido.
No ha aprendido a distinguir la realidad de la aparente realidad.	Tiene buena atención (aunque no tenga concentración).
Está incomunicado.	Tiene capacidad de comunicarse.

No está habituado a reflexionar.	Con más frecuencia que otras generaciones, tiene mucha capacidad intelectual o incluso alta capacidad intelectual (ACI).
Se desconcentra cada 15-20 segundos.	Es más creativo e imaginativo que sus padres y abuelos.
Es probable que presente manifestaciones disléxicas.	Es muy intuitivo y acierta.
Tiene baja autoestima: se considera poco valioso.	Se considera querido.
Es inmaduro para la responsabilidad y decisiones que toma.	Está muy capacitado para soportar problemas afectivos.
Tiene muchas posibilidades de sufrir un trastorno psicológico, psiquiátrico o educativo.	Tiene gran capacidad de querer.
No tiene principios.	Perdona con facilidad.
Cree que el fin justifica los medios.	No quiere problemas ni complicarse.
Tiene prejuicios.	No le cuesta cambiar de juicio.
Cree que el sufrimiento es evitable.	No tolera la frustración, la contrariedad ni el sufrimiento.
No habla por teléfono, solo escribe mensajes.	Vive sin reloj.
No es solidario ni empático.	Quiere ser solidario.
No sabe ayudar de verdad a un amigo.	Reacciona con gran implicación al afecto.
Confunde la amistad.	Es muy abierto a nuevos planteamientos.
Incívico con quien no conoce.	Es respetuoso con el medio ambiente, con los animales y es ecológico.
Huye del esfuerzo.	Conecta fácilmente con desconocidos.
No sabe que tiene mucho que perder.	Expresa mejor sus emociones que sus padres y abuelos.
Prefiere una mentira cómoda y emocionante a una verdad incómoda o fría.	Tiene a su alcance una comunicación no verbal predominante.
Siente irreverencia ante la autoridad.	Es espontáneo.
Es omnitecnológico, con tendencia a la adicción tecnológica.	Tiene buena memoria.
Iniciación temprana en ritos adolescentes o de juventud (alcohol, fumar, relaciones sexuales, pornografía, apuestas…).	Tiene tiempo.
Tiende a diluirse y despersonalizarse (comparte por orden música, bromas, juegos, series, cosas de otros y noticias; no él o ella misma).	Está vivo.

Desprecia el propio prestigio personal.	Tiene cerca a sus padres, educadores, abuelos o a quien haga de tales.
Desea sueños inalcanzables.	Quiere ser feliz.
Cree que lo novedoso es siempre progreso y lo convencional retroceso.	Es querido.
No salta obstáculos, cambia antes de objetivo que aprender a saltarlos.	Es un ser único.
Su motivación aflora con facilidad, pero es muy caduca.	Compuesto y uno solo.
Siente apatía e insatisfacción.	Es un don.
Se ha sobreprotegido, en mucho o poco.	Racional.
Prefiere no elegir antes que renunciar a una opción.	Con un cuerpo con espíritu y un espíritu con cuerpo.
Acepta la esclavitud a cambio de confort.	Con inteligencia humana.
Ha aprendido a leer mal.	Tiene voluntad que puede fortalecerse.
Valora más su cáscara que el contenido.	Es libre.
Vive de accidentes y le llevan las circunstancias.	Con capacidad de amar más.
Se expresa con lenguaje publicitario como si fuera argumentativo.	Singular.
Confunde lo principal con lo secundario.	Sociable.
Cree que aceptar valores es vivirlos.	Responsable.
No es coherente: cree astuto vivir teniendo tantas caras diferentes como escenarios.	Dependiente, con necesidad de ayuda de los demás, que pueden ayudarlo.
Tiende a los extremos.	Es por sí mismo un fin.
Confunde querer con apetecer.	Tiene dignidad universal y permanentemente.
Confunde sentir con querer.	Es insustituible.
Tiende a fracasar en la universidad.	Puede empezar de nuevo en todo.
Confunde los conceptos *sensación*, *instinto*, *aptitud*, *emoción* y *sentimiento*.	Puede aumentar sus virtudes.
Tiende a interpretar las respuestas interesadas de otros y de mecanismos artificiales como si fueran desinteresadas o humanas.	Tiene capacidad de genialidad.
Finge emociones y sentimientos.	Está abierto a la trascendencia de la realidad.
Tiende a la evasión ante los problemas y ante lo ordinario.	Tiene consciencia.
Confunde lo ordinario como poco valioso.	Tiene un pasado que lo enseña.
No distingue la noción ni los beneficios de la voluntad.	Tiene un presente donde actúa sin determinismos.

Es impulsivo.	Tiene un futuro sin determinar.
No tolera esperar.	Está bien creado con elementos materiales e inmateriales.
	Es capaz de producir y crear buenos efectos materiales e inmateriales.
	Ha sido ya causante de mucho bueno.
	Es deudor.
	Tiene sentido profundo por descubrir y una misión vital.
	Tiene la capacidad de mejorar en cualquier ámbito y cambiar.
	Puede siempre rectificar sus intenciones pasadas.
	Tiende a la unidad.
	Tiende sin hacer nada a la felicidad.
	Su vida trasciende para siempre.
	Importa a alguien siempre.
	Escucha bien y hace más caso a cuanto se le dice y argumenta, a partir de que experimente que su interlocutor está sintiendo lo que él o ella sintió, que se comprende y se aprecia pese a todo; es decir, que está conectado emocionalmente (las sensaciones de los sentidos y las emociones que provocaron como reacción) antes de querer conectar intelectualmente (las ideas). Admite cualquier idea venida como consecuencia de una conexión emocional.

Una sugerencia concreta de las posibles
APLICACIONES A TU HIJO

Rellenar ahora los escalones que faltaban por rellenar en el capítulo anterior: los 2, 3, 4 y 5 de su pirámide (sus cuatro rasgos positivos, propios de su ETAPA, su EDAD, su GENERACIÓN, su CONTEXTO SOCIAL). Ahora terminaremos de comprobar, en parte, las muchas diferencias con nosotros, y las similitudes también, pese a ser de generaciones tan dispares. Y de nuevo, la necesidad que tiene de aprender lo permanente, en cuanto cambio: lo que solo nosotros podemos facilitarle y él o ella aprenderá si aceptamos su diferencia y el balance positivo de lo que tiene y lo que es.

CÓMO TRABAJAR A CUALQUIER EDAD SU GENIALIDAD Y SENSIBILIDAD SI, ADEMÁS, TIENE ALTA CAPACIDAD INTELECTUAL

35

LA ALTA CAPACIDAD ES SOLO UNA DE LAS PARTES DE UN TODO

Además de ser genial e hipersensible por ser humano, cualquier niño, niña, adolescente o joven, cualquier persona, puede también tener un extra: alta capacidad intelectual (ACI), es decir, dar en un test validado científicamente más de 120 de cociente intelectual o IQ (según la Asociación de Alta Capacidad de España) o un percentil superior al 75, teniendo en cuenta que el promedio nacional de CI en 2017, último dato publicado por el Instituto Nacional de Estadística, fue de 90 en España y está bajando en toda Europa.

En tal caso, lo que más se necesita y más importa trabajar, por tanto, cuando alguien tiene mucha capacidad intelectual es justo lo que no es su capacidad intelectual, ya sobrada.

Se trata de una capacidad excelente; por consiguiente, solo hay que asegurarse que se ejercita como medio para lograr más felicidad, que para eso está la inteligencia. Pero, además, hay que asegurar que no se convierte en un obstáculo. La inteligencia, cuanto más brava es, más requiere domarla por la libertad y lo que se quiere de verdad, a través de la voluntad.

Así, lo más importante en un niño o niña con alta capacidad intelectual (ACI), también llamado superdotado, paradójicamente no es su inteligencia, sino lo que necesita para compensar el peso de su ACI, esto es: su bondad, generosidad, sensibilidad, empatía, alegría, tolerancia. Esa es la clave. Ahí se la juega todo chico o chica con ACI, en ser generoso, bueno, alegre, tolerar la imperfección propia y de otros, la contrariedad y en ella ser feliz. Porque el gran dilema que tiene todo niño o niña con ACI es no parecer soberbio o malo, como para quien es bueno es no parecer ingenuo.

Lo principal en un niño o niña con ACI es que es un niño (o niña), mucho más y antes que alguien muy inteligente. Solo creen que lo importante es su inteligencia aquellos que no suelen distinguir personas en las personas ni detectar la realidad, la belleza ni la felicidad cuando pasan a su lado.

De qué le sirve a alguien tener éxito profesional si no tiene éxito personal. Solo serviría para esclavizarse a cada jornada más. Solo para que la sociedad se aproveche de él o ella, exprima su producto, utilice su función, su trabajo, y sea considerado o considerada solo como una pieza en un engranaje que ha de funcionar, como ha hecho triunfar en el capitalismo el punto de vista más marxista y explotador del papel del ser humano (solo materia según este) en la sociedad.

De qué le sirve a alguien una posición mejor si agranda su desgracia personal. Si no le acompaña el éxito verdadero, que siempre es personal; si la persona no tiene éxito personal, es decir, como persona en sus treinta y cinco características («ser único, compuesto, pero uno solo, etc.»). Ni ella ni la sociedad de la que forma parte podrá ser feliz. La inteligencia es un medio que sirve para ser más feliz o no es inteligencia, solo capacidad de inteligencia, como veremos a continuación.

Sumando todo, proponemos a continuación acciones útiles y convenientes para todo niño y niña con ACI. Pero antes hay que entender que la alta capacidad no es la inteligencia.

La alta capacidad intelectual no es la inteligencia alta

Cualquier test validado científicamente que suele llamarse «de inteligencia», en realidad, es de capacidad intelectual o para determinar el cociente intelectual. Pero la inteligencia en realidad es otra cosa.

Lo que miden test como Raven, WISC, Wechsler, Waiss, Woodcock-Johnson, Kaufman o muchos más es solo la capacidad intelectual, la capacidad, por tanto, de aprender, la capacidad de saber lo importante para vivir, pero no miden lo que en realidad se sabe.

No se mide lo inteligente que se es, lo importante que se sabe, sino cuánto se está capacitado, comparativamente con el resto de la población nacional o universal, para aprender, nada más.

Hay quienes saben mucho pero poco importante y son menos inteligentes que quienes saben poco pero muy importante.

Al final, la inteligencia es un medio para ser feliz y el que es más feliz es más inteligente o ha aprovechado mejor su inteligencia, que es lo mismo.

Con todo, siempre es bueno conocer la capacidad de alguien, porque justifica muchas de sus acciones, reacciones, sentimientos, emociones, razonamientos, conducta, posturas, dificultades u opiniones; pero no es la inteligencia, solo el depósito de que se dispone.

Si la inteligencia fuera el líquido y estos dos depósitos la capacidad intelectual, lo que se mide en los test, el de la derecha saldría en las pruebas con mucha menos capacidad intelectual, menos IQ, y sería mucho menos inteligente. El de la izquierda sabría que tiene mucha más capacidad intelectual, se creería muy listo, pero no lo habría sido nunca tanto como su compañero.

Lo importante es llenar el depósito de la capacidad que se tiene. Lo importante es aprender mucho muy importante. Y, para ello, hay que enseñárselo.

Una sugerencia concreta de las posibles
APLICACIONES A TU HIJO

Sea la capacidad intelectual de nuestro hijo o hija la que sea, siempre debe y siempre puede aprender lo importante para ser feliz, haciéndose más inteligente. Hagamos una lista de en qué consiste nuestra felicidad o su contrario y, sin enseñársela, aseguremos que tenemos un plan para enseñarle lo importante.

36

CÓMO AYUDAR A ALGUIEN QUE ES GENIAL, SENSIBLE, Y, ADEMÁS, TIENE ACI

El trabajo de la alta capacidad de un niño, niña, adolescente o joven que ha dado en los test de su capacidad un resultado superior a 120 en CI o un percentil superior a 75 (o que tenga talentos y habilidades talentosas) es importante que sea completo, dada su tendencia a lo extremo en todo. Es decir, tiene alta capacidad y tiene, por consiguiente, alta sensibilidad, alta genialidad, alta capacidad emocional (si tristeza, mucha tristeza; si ira, mucha ira; si miedo, mucho miedo; si alegría, mucha alegría), alta imaginación, alta intuición, alta lógica, alta memoria, alta observación, y así todo.

La misma unidad que defendemos para cualquier ser humano, en las personas que tienen ACI, la capacidad de movimiento y conexión de todo lo que son, es también muy alta. Por ello, hemos de tratarlos en conjunto, en todos los ámbitos que les competen y les afectan.

Se propone así alimentar, adquirir destreza, enriquecerse y disfrutar en diez ámbitos, eligiendo entre todos los que se proponen seguidamente como ejemplos; solo los ejercicios que más gusten.

Se advierte de que, aunque parezca que divagan por otros ámbitos diferentes a la agilidad intelectual, inciden directamente y sobre todo en la actualización de su potencia intelectual.

Igualmente sirven para cualquier alta capacidad, aunque no sea intelectual; por ejemplo, deportiva, artística, periodística, etc. Por si se duda en alguno de ellos, se confirma que los ejercicios que aparecen abajo se proponen pensando en todas las edades, también de tres a cinco años, aunque se puede alterar el vocabulario utilizado en ellos si en función de la edad se considera que, al hacerlo, se facilita la comprensión de la acción que se sugiere.

Y, por último, también se advierte de que son beneficiosos igualmente para quienes no tienen ACI, pero, en tal caso, si alguien sin ACI quisiera hacer este trabajo como ejercicio de estimulación —aconsejable—, con más razón convendrá elegir las propuestas que siguen en función de la edad o, lo que es lo mismo, el gusto. Para los diagnosticados con ACI, sirven todos.

Están organizados en dos fases: la primera, de ocho aspectos, y la segunda, distribuida en diez ámbitos, que son necesarios para el trabajo completo y eficaz de la ACI:

— PRIMERA FASE O FASE PREPARATORIA:

Al iniciar el trabajo con niños, niñas o adolescentes con ACI, se ha confirmado conveniente empezar por unas sesiones preparatorias, distribuidas en ocho aspectos o apartados.

1.ª sesión: Explicarle lo que es la autoestima y cómo se puede averiguar y subir si fuera el caso (leer, si se desea saber cómo, el libro *Hijo, tú vales mucho*). Sesión conjunta con la madre y el padre si es posible.

2.ª sesión: Distinguir emociones, sensaciones, impresiones, reflejos, reacciones, actitudes, sentimientos, estados de ánimo, pensamientos, percepciones en su vida familiar, escolar y educativa. Distinción de práctica emocional y su mundo interior y exterior. Para ello, consultar el libro *Cómo entrenar a su dragón interior.* Sesión individual con él o ella.

3.ª sesión: Aprender algunas pautas eficaces para el gobierno de su ira, tristeza, alegría y miedo. Para ello, consultar el libro *Cómo entrenar a su dragón interior.* Sesión individual con él o ella.

4.ª sesión: Su padre y su madre, su papel y el del resto de su familia, la realidad, el mundo que lo rodea y su comportamiento eficaz en él. Sesión individual con él o ella.

5.ª sesión: Su comportamiento y comunicación en la escuela y su alta capacidad intelectual; distinción respecto a la inteligencia, junto con la necesidad de tolerar la imperfección. Sesión individual con él o ella.

6.ª sesión: Estimulación y motivación respecto a su talento y alta capacidad intelectual: el por qué, para qué y qué ha de hacer; la demostración de que compensa el esfuerzo que requiere el objetivo, de que ha logrado ya objetivos más difíciles desde niño y demostrado ya poder con este mismo esfuerzo. Sesión individual con él o ella.

7.ª sesión: Aprendizaje práctico de técnicas y recursos intelectuales y emocionales aplicados a la alta capacidad en el centro escolar, familiar e intrapersonal. Las técnicas de estudio que necesita. Consultar, si se quiere para ello, el libro *Tu hijo a Harvard y tú en la hamaca*. Sesión individual con él o ella.

8.ª sesión: Planificación y diseño de su desarrollo del talento y habilidades en el presente y el futuro. Explicarle y presentarle los diez ámbitos que se trabajarán en la segunda fase, principal, y sus actividades. Con su padre y madre delante, si es posible.

— SEGUNDA FASE O FASE PRINCIPAL:

1. Detectar las habilidades talentosas que coexisten y sus intereses.
2. Profundizar en el pensamiento, en el conocimiento y en su significación.
3. Aumentar vocabulario y expresión.
4. Adquirir mayor velocidad y destreza en la unidad y eficacia del pensamiento racional y el componente emocional al tiempo.
5. Ejercitar los ingredientes del talento: creatividad, imaginación, lógica, constancia...
6. Mejorar la convivencia y las habilidades sociales, aumentar la tolerancia a la imperfección y el respeto a la libertad y las limitaciones de todos.
7. Adquirir más virtudes y con mayor hábito. Con sus nombres más aceptados actualmente, las virtudes clásicas: desde Sócrates y Aristóteles (siglo IV a. C.) y Sto. Tomás de Aquino (siglo XIII) hasta Rabindranath Tagore, Gandhi, Julián Marías, Isaacs o Alvira (siglo XX), Melendo, Byung-Chul Han... (siglo XXI).

8. Aumentar la fuerza de voluntad.
9. Descubrir la vocación profesional.
10. Coordinarse con el centro escolar para un plan personalizado e integral.

Recordemos esta imagen como regla mnemotécnica, para acordarse de que el trabajo con ACI, en su fase principal, requiere el n.º 10, como conjunto de muchas habilidades. Nada más contradictorio se podría hacer con alguien de alta capacidad que tratar solo su capacidad intelectual, ya alta.

Se podrían proponer muchos más en cada ámbito, pero, para no excedernos en listados, nos limitaremos a unos ejemplos de cada tipo, por más que esta relación no tenga límite y sea fácil variar a juicio de cada padre o madre, familiar o educador, siguiendo el modelo que proponen.

En cada sesión que se desee trabajar la ACI y, con ella, la genialidad y la sensibilidad, se debe escoger un ejercicio (o dos si se prefiere) de cada uno de los diez ámbitos siguientes, en los que se agrupan las acciones que se proponen indicando los objetivos que buscan lograr cada una de ellas:

1.ER ÁMBITO: RESPECTO A SUS HABILIDADES TALENTOSAS CONCOMITANTES E INTERESES

Acción	*Objetivo*
Apunta tres cosas en cada pregunta: a) ¿de qué sabes mucho?, b) ¿qué te gusta mucho?, c) ¿de qué te gustaría saber?, d) ¿en qué te gustaría ser muy bueno/a y reconocido/a?	Encontrar lo que interesa: de qué le gustaría saber mucho o en qué le gustaría ser bueno o reconocido.
Anotar sus tres mejores películas.	Conocer qué películas transmiten bastante de lo que él o ella siente y le gustaría que se conociera.
Anota cómo es: más o menos afectivo, emocional, lógico, secuencial, analítico, global, intuitivo, creativo, imaginativo... Si no lo sabes y te ayuda, si quieres, para saberlo, puedes pedirle que elija qué le gusta más: un triángulo, un círculo, un cuadrado, una estrella o una recta. Que elija lo que menos le gusta también.	Conocer mejor cómo operan su lógica, su afecto y su tendencia a lo práctico, a lo emocional, al optimismo, etc., para recurrir en el día a día a la parte con la que menos opera (si se recurre a las formas geométricas, la interpretación se encuentra en las pp. 158-161 de *Aprender a interpretar a un niño*).
Anotar si escribe con la mano izquierda o diestra, si mira a través de una cerradura con el cojo diestro o zurdo y si salta «a la pata coja» apoyando la pierna diestra o la zurda.	Saber qué predomina en él: el análisis, la lógica, la secuencia, memoria y atención (si en todo es diestro) o la síntesis, la creatividad, imaginación, intuición, emociones (si es zurdo en todo). Si unos órganos son zurdos y otros diestros, tiene lateralidad cruzada. Se cansa al leer y escribir y le cuesta ordenar. En tal caso convendrá hacer los ejercicios de unión entre hemisferio derecho e izquierdo (p. ej., los expuestos en el capítulo del joven futbolista a tal efecto).
Hacer una lista de cinco profesiones o actividades que admira.	Recurrir a ellas en los ejercicios de otros ámbitos.

Elige qué quieres ser (pueden ser varias opciones): un buen médico, abogado, periodista, psicólogo, deportista, ingeniero encargado de la maquinaria de una fábrica, inventor, militar, profesor, tendero, *influencer*, actor, director de cine, director de un departamento de una empresa, arquitecto, decorador de interior u otra que escribas tú.	Acotar opciones.
¿Tu padre y tu madre son felices con su profesión? (uno, ambos o ninguno).	Conocer lo que ha marcado su ejemplo.
¿Tu padre y tu madre hacen bien a muchos con su trabajo?	Saber si comprende que el trabajo de sus padres tiene más dimensiones o si se han quedado en los comentarios domésticos.
¿Te gustaría ser más feliz o igual que tu padre y tu madre en su trabajo?	Conocer lo que ha marcado su ejemplo.

2.º ÁMBITO: PROFUNDIZAR EN EL PENSAMIENTO, CONOCIMIENTO Y SIGNIFICACIÓN

Acción	*Objetivo*
Aprender a distinguir con ejemplos entre invento y descubrimiento.	Facilitar el pensamiento.
Señalar diez aprendizajes adquiridos de tu tradición familiar	Unir tradición a innovación.
Profundizar en lo que se aprende, sin necesidad de extensión (salvo que lo pida). Ejemplos: a) Si se ha de saber las provincias andaluzas, estudiar la población de cada una de ellas (profundización), incluso el orden cronológico de su fundación (profundización); por el contexto, se puede pasar también a las provincias de toda España (extensión relevante).	Fomentar la profundización y el interés humano y significativo de los hechos que ha de memorizar, facilitando la memoria y el aprendizaje.

b) Si está aprendiendo a sumar, no hace falta pasarse a la multiplicación, sino profundizar en la suma, enseñándole la resta (por su relación) o haciendo problemas de suma (sin límite de complejidad, pero de sumas, demostrando que la suma no es un conocimiento simple o sencillo, sino básico e importante). No es necesario ampliar a la división o la multiplicación, salvo que sea él o ella quien lo demande porque le haga ilusión aprenderlo. Hay exámenes en la carrera universitaria de Matemáticas cuyos problemas a veces se resuelven solo con una suma. Lo difícil es descubrir que es una suma lo que hay que hacer. Se puede complicar hasta el infinito, sin necesidad de pasar a otro conocimiento. De esta forma, su aprendizaje de la suma será mayor y dará mayor fruto en el futuro. Así, además, se aprovecha el ritmo al que van todos (importante), aunque a profundidades distintas (también importante).

c) Si estudia a Lorca, puede leer un fragmento de alguna obra de teatro o conocer la historia que relata algunas de sus obras; o se le puede explicar por qué lo asesinaron e incluso los desvaríos inhumanos emocionales a los que se llega en una guerra, donde hay malos y buenos en los dos bandos principales.

d) O, si se estudia Góngora, se puede leer el poema «Mientras por competir con tu cabello...» y explicarle algunos versos, o contarle que Góngora no le da importancia a la forma igual que al contenido (como ocurre en la vida). Contarle, también, que era de Córdoba aunque vivió un tiempo en Madrid, junto a Cervantes, Lope, Quevedo o Calderón de la Barca, los más grandes de la historia de los escritores españoles. Que se arruinó jugando a las cartas y tuvo que venderlo todo, menos su carruaje y dos trajes, para poder disimular y que nadie se enterara.

e) Si se da el principio de Arquímedes, además de memorizarlo, se sugiere ver imágenes en Internet de petroleros y de naves con cientos de contenedores a bordo.	
Aprender con reglas mnemotécnicas los listados que le pidan aprenderse.	Facilitar la memoria.
Hacer fichas de papel (medias octavillas) poniendo en una cara todas las multiplicaciones de la tabla o las que se resistan y por la otra cara la operación y el resultado. Ejemplo: 8 x 9 en el anverso y en el reverso 8 x 9 = 72 (100 x 100 = 10 000; 11 x 11 = 121; o los que se quisieran, según edad y gusto). Hacer lo mismo con algunas operaciones frecuentes o curiosas de sumas, restas y divisiones. Por ejemplo: 7 + 8 = 15; 75 + 25 = 100; 100 - 80 = 20; 120 : 4 = 5; etc., según edad o dedicación). Hacer lo mismo con algunas operaciones frecuentes o curiosas de sumas, restas y divisiones.	Facilitar la rapidez mecánica en el cálculo.
Ejercicios que le gusten, solo los que le gusten, de las pp. 239-281 del libro *Nuestra mente maravillosa.*	Ejercitar la profundidad y agilidad en el aprendizaje y su demostración o exposición.
Ver series y películas sobre hechos reales que entrañen comportamientos heroicos.	Profundizar en la realidad humana y facilitar la distinción y el atractivo de un comportamiento heroico.
Enseñarle a leer si no sabe o enseñarle mejor si ya sabe: textos, gráficos, imágenes (véase si se quiere para ello el libro *Pequeños grandes lectores*).	Afianzar la mejor lectura.
Leer o ver en animación biografías de personajes o hazañas que entrañen comportamientos heroicos: desde cómics hasta libros o películas y series.	Profundizar en la realidad humana y facilitar la distinción y el atractivo de un comportamiento heroico.

3ER. ÁMBITO: VOCABULARIO Y EXPRESIÓN

Acción	*Objetivo*
Enunciar diez adjetivos que se podrían decir de cómo se siente alguien de su edad (*contento, solo, cansado, asustado, preocupado, ignorado...*).	Partir de diez que conozca; lo básico será lo primero que se le ocurrirá.
Aprender, mirando por ejemplo en los sinónimos propuestos por la RAE en Internet o en el *Diccionario ideológico* de Julio Casares, diez adjetivos más que se puedan aplicar a alguien.	Aumentar en diez palabras su vocabulario recurrente para explicar estados de ánimo de alguien.
Aprender diez más.	Aumentar en otras diez palabras su vocabulario recurrente para explicar estados de ánimo de alguien.
Enunciar diez adjetivos que se puedan aplicar a un perro en su forma física y estado anímico.	Aumentar su capacidad descriptiva sobre seres animados.
Enunciar tres adjetivos más que se puedan aplicar a un perro en su forma física y de estado anímico.	Aumentar en segunda fase esta capacidad. Después de haber terminado de pensar en ello, reactivar su capacidad de describir hasta tres palabras más.
De cinco en cinco cada día, aprender en Internet veinte razas de perro.	Aumentar su capacidad de designar la estructura de la realidad y la concreción (*raza*) de lo general (que sería *perro*).
Enunciar diez razas de perros medianos que pueden tener un pelaje (todo o en parte) marrón en sus distintos tonos.	Concretar y precisar entre diferentes estructuras combinadas (razas de perros, tamaños, colores) teniendo en cuenta que no todas las combinaciones son posibles en todos los elementos y que la variante *color marrón* no es posible siempre.
Enunciar cinco razas de gatos.	Aumentar vocabulario sobre concreción en una misma especie.
Enunciar quince tipos de lo que le guste (dinosaurios, piezas de una bicicleta, constelaciones, asteroides, deportes con bola, futbolistas...).	Aumentar vocabulario sobre un grupo de su interés.
Enuncia quince ríos de España y señala en un mapa de España (mudo o no) al menos un lugar por donde pasan.	Aumentar vocabulario geográfico.
Enuncia y señala algún sitio por el que pasen cinco ríos de África, cinco de Asia, tres de América del Sur y tres de EE. UU.	Aumentar vocabulario geopolítico.

Aprende el nombre de diez árboles y, por tanto, diez tipos de maderas.	Aumentar vocabulario sobre concreción de estructuras.
Aprende a distinguir en tu casa el nombre de diez materiales diferentes y señálalos dónde están.	Aumentar precisión de vocabulario doméstico.
Enuncia siete cosas de tu casa que son totalmente de madera o en parte.	Aplicación de la asignación léxica aprendida al entorno doméstico.
Enuncia siete cosas de tu casa que son de metal en parte o totalmente.	Ídem.
Enuncia siete cosas de tu casa que son de plástico en parte o por completo.	Ídem.
Enuncia siete cosas de tu casa que son por completo de papel o cartón o lo son en parte.	Ídem.
Enuncia seis cosas que tienen partes de metal, madera y plástico al tiempo. Si no hay, imagínalas.	Conjunción de lo aprendido.
Compara cómo se siente alguien con sed con otra cosa.	Localización de léxico mediante su conexión interhemisférica cerebral.
Aprende a distinguir en Internet un lago de un pantano	Precisión léxica.
Aprende a distinguir en Internet una llanura de una loma, una colina, una meseta y un pico.	Precisión léxica.
Ampliar dentro del ámbito que le interese el léxico que precise dentro de categorías más amplias.	Precisión léxica sobre su punto de interés.
Durante la época académica (desde 1.º de Educación Primaria hasta cualquier curso universitario), puede convenir aprender un vocabulario de al menos diez términos en Primaria y veinte términos en Secundaria cada inicio de unidad, en torno a ella o a la realidad a la que se refiere.	Facilitar el aprendizaje significativo y la comprensión.

4.º ÁMBITO: UNIDAD RACIONAL Y EMOCIONAL

Acción	*Objetivo*
Ejercicios propuestos al joven futbolista en el capítulo 7.	Unión, conjunción, de la actividad del hemisferio cerebral izquierdo y el derecho.
Baila con alguien cualquier música.	Ídem.

Canta al mismo tiempo que bailas una canción.	Ídem.
Escribe símiles (todo lo que empiece por «eso es como...») o metáforas de la soledad, una rotura de brazo el día antes de estrenar una raqueta de tenis, la amistad, la necesidad del amor, el deterioro ecológico del planeta.	Ídem.
Dibuja en tres papeles diferentes la verdad, la injusticia y la traición.	Ídem.
Di un refrán sin palabras, solamente con dibujos.	Ídem.
Juega al *Concept*, al *Party & Co, Tabú, Pictionary, Linkee* y *Código secreto*: seis juegos de mesa.	Ídem.
Recuerda en tu último partido y piensa en cuatro cosas diferentes que podías haber hecho para mejorar tu resultado en él.	Ídem.
Resume tu currículo en quince líneas máximo. Ahora en cinco máximo. Por último, en dos máximo.	Ídem.
Resume el currículo deportivo del mejor futbolista de todos los tiempos en siete líneas máximo. Después en tres.	Ídem.
Dramatiza con gestos una canción que escuches a solas.	Ídem.
Dibuja en el aire con la mano derecha un círculo; mientras, intenta dibujar con la izquierda un cuadrado y después un triángulo.	Ídem.
Juega al ajedrez.	Ídem.
Durante un minuto, masajea tu pie derecho con tu mano izquierda, y después, el mismo tiempo, tu pie izquierdo con la mano derecha. Sobre todo, hazlo recién despertado y antes de cada partido o acción importante.	Ídem.
Haz lo mismo treinta segundos, pero masajeando la oreja izquierda con la mano derecha y la oreja derecha con la mano izquierda.	Ídem.
Haz mapas mentales cuando tengas que aprenderte o explicar algo.	Ídem.

Intenta hacer malabares con dos frutas: dos naranjas o dos manzanas, p. ej.	Ídem.
Busca en Internet un conjunto de palabras de los colores, pero escritos en tonalidades distintas a las que representan. Ahora lee en voz alta cada palabra.	Ídem.
Utiliza las dos manos alternativamente. Por ejemplo, si somos diestros, abramos frecuentemente las botellas con la izquierda.	Ídem.
Intenta explicar por escrito, en un par de líneas máximo, una sensación, emoción o sentimiento que experimentes.	Ídem.
Intenta describir oralmente, con las manos en los bolsillos o quietas, qué es una escalera de caracol.	Ídem.
Deletrea sin mirar una palabra, la que quieras de tres o cuatro sílabas, al revés.	Ídem.

5.º ÁMBITO: INGREDIENTES DEL TALENTO

Acción	*Objetivo*
Imagina (basta con imaginarlo) cómo diseñarías un disfraz para una fiesta con lo que tienes en la habitación donde estás ahora, sin salir de ella.	Ejercitar la capacidad creativa.
Aprender a cocinar algunos platos, con o sin ayuda, en función de la edad. Y evitar también de otros modos el estrés.	Aumentar la capacidad creativa.
Haz una lista de veinticinco cosas buenas que tienes en tu forma de ser; no cosas que haces bien, sino cosas que te hacen ser bueno/a, aunque sea solo a veces. Ahora haz una de diez de cosas que, en tu forma de ser, te hacen a veces no portarte bien. Finalmente, date cuenta de que lo bueno es más importante y pesa mucho más que lo malo, aunque esto salga más fácilmente e incluso sea mucho.	Subir autoestima.
Enuncia lo que te da miedo que piensen de ti cuando no hace algo que quieres.	Subir autoestima y distinguir temores fundados de miedos a quedar mal o prejuicios.

Di por qué has hecho algo que recuerdes hoy. Ahora di para qué lo has hecho. Responde: ¿qué diferencia ves?	Flexibilidad y relacionar que toda actuación voluntaria (no casual ni producto del dejarse llevar) ha de seguir un fin y partir de una causa.
Responde a estas dos preguntas distintas: ¿por qué se va al colegio?, y ¿para qué?	Ídem.
Ahora a estas dos cuestiones: ¿por qué crees que el hombre viajó a la luna y para qué?	Ídem.
Y a estas: ¿por qué hay niños que mueren de hambre en algunos países del mundo y sobra comida en otros? Y ¿para qué?	Plantearse razones y objetivos de algunas cuestiones complejas. Con o sin respuesta.
Ahora a estas dos: ¿por qué quieres a tus padres, para qué?	Entender que hay realidades que no buscan un fin tan claro ni una causa. O descubrir que en él o ella no hay realidades así.
¿Eres bueno/a porque te portas bien o te portas bien porque eres bueno/a?	Acercarse a la autoestima y a descubrir realidades que se confunden al sentirlas.
¿Por qué y para qué hemos de convivir bien con nuestros compañeros de clase o nuestros vecinos?	Aproximarse a la realidad de causa y efecto en la relación yo-los demás.
Mira una fotografía solo dos segundos y ahora, sin verla, intenta contar todas las cosas que había en ella. Apunta el número. Vuelve a verla dos segundos más y añade más cosas a la primera lista. Cuéntalas. Ahora escoge otra foto parecida e intenta encontrar a la primera, tras los dos segundos viéndola, más cosas diferentes en ella que la segunda vez la primera foto. Haz una lista.	Incrementar la eficacia de la observación.
¿Cómo es lo que crees que hay en la esquina de la derecha si ahora mismo te imaginas en tu cuarto? ¿Y en un museo de arte? ¿Y en tu clase del colegio o en el trabajo? ¿Y en tu habitación o sitio idílico?	Ejercitar la imaginación.
¿Qué hace que una silla no sea una mesa?	Ejercitar imaginación y ordenar estructuras.
Imagina algo imposible haciendo algo posible y algo posible haciendo algo imposible.	Ídem.

Te doy dos datos: rojo y grande; ¿qué es?	Ejercitar imaginación y parte de la intuición.
Ahora otros datos: te mira fijamente, está a seis metros de distancia, tiene la cara seria. Con estos datos solo, decide: ¿te aprecia, te examina o te desprecia?	Ejercitar la intuición.
Ser amable y decir las cosas sin herir, como te gustaría que te las dijeran a ti si te tuvieran que decir lo mismo por la misma razón. Imagina cómo antes de hablar y dilo así después. Nunca enfadado. Si lo estás, limítate a decir: «estoy muy enfadado/a».	Evitar el rechazo y prepotencia.
Reconoce a los demás lo que veas que hacen bien.	Facilitar el reconocimiento.
Cuando tengas que hacer algo y no quieras, piensa que no lo vas a hacer, no lo hagas, solo empieza a hacerlo y luego continúa mientras piensas que no lo vas a hacer.	Facilitar el esfuerzo.
Cuando tengas claro que quieres dejar de hacer algo, sigue haciéndolo un poco más.	Fortalecer el esfuerzo y fomentar la fortaleza y la constancia.
Piensa en algo que te gustaría hacer y que les parece bien a tus padres: no esperes, hazlo.	Provocar oportunidades.
Piensa que tú eres el/la responsable de que lo que te pasa acabe en algo bueno. No eches la culpa a nadie, aunque la tengan: céntrate en lo que puedes aportar tú.	Fortalecer el liderazgo de su propia vida.
Aprende de memoria el siguiente fragmento de la obra de teatro *La vida es sueño*, de Pedro Calderón de la Barca: *Cuentan de un sabio que un día / tan pobre y mísero estaba, que solo se sustentaba / de unas hierbas que cogía. / «¿Habrá otro», entre sí decía, / «más pobre y triste que yo?»; / y cuando el rostro volvió / halló la respuesta, viendo / que otro sabio iba cogiendo / las hierbas que él arrojó.*	Ejercitar la memoria reflexiva y la memoria acústica, unidas.

Quejoso de mi fortuna / yo en este mundo vivía, / y cuando entre mí decía: / ¿habrá otra persona alguna / de suerte más importuna? / Piadoso me has respondido. / Pues, volviendo a mi sentido, / hallo que las penas mías, / para hacerlas tú alegrías, / las hubieras recogido. //	
Sin prisa, cada día, memoriza una columna de la tabla periódica, hasta que sepas dibujarla entera. Utiliza reglas mnemotécnicas para saber los que van de arriba abajo en cada columna. Después, en trozos de papel, pon por delante el símbolo del elemento que tiene cada cuadro de la tabla y por detrás todo lo demás que contiene el cuadro de cada elemento. Estudia cada día solo tres.	Ejercitar la memoria a largo plazo.
Averigua en Internet quién escribió realmente *La Cenicienta* y cuándo.	Ejercitar la búsqueda reflexiva y critica.
Averigua dónde murió el escritor don Juan Manuel, el autor de *El conde Lucanor.* Una pista: no es Córdoba, porque nunca estuvo en Andalucía.	Ídem.
Lee el «Cuento II» de este libro de don Juan Manuel. Se titula: «Lo que sucedió a un hombre bueno con su hijo». Es corto. Después, decide qué harías tú.	Ejercitar la reflexión y el espíritu crítico.
Ejercicios que te gusten de los capítulos 13 a 24 del libro *De Newton a Apple: provoca tu talento.*	Ejercitar los ingredientes que hacen brillar el talento.

6.º ÁMBITO: CONVIVENCIA Y HABILIDADES SOCIALES

Acción	*Objetivo*
Con ejemplos que te pongan tus padres, aprende la diferencia entre compañerismo, afinidad, amistad y amor.	Aprender diferencias emocionales relacionadas con la convivencia y las relaciones interpersonales (si se necesita más, ver *Cómo entrenar a su dragón interior*).

Di diez cualidades buenas que tiene una persona que te cae mal, te incomoda, te ha ignorado, despreciado, o no te ha tratado como crees que debía.	Mejorar las habilidades sociales.
Piensa en algo que hace mal alguien. Ahora busca hasta encontrar cuándo tú también hiciste lo mismo o algo muy parecido alguna vez. Si no te sale, piensa una situación en que podrías cometer ese error en un futuro, para no cometerlo.	Ídem.
Piensa ahora en una ocasión en que alguien te molestó, despreció, ignoró u ofendió. Imagínate perdonándolo rápido.	Ídem.
Piensa en una ocasión en que tú hubieses tenido que pedir perdón más rápido a alguien. Imagina cómo se lo pedirías más rápido.	Facilitar la mejora de las habilidades sociales y fomenta la libertad-consecuencias.
Enumera oralmente aquellos/as que alguna vez te hicieron un favor grande desde que naciste, al tiempo que piensas en el favor concreto en cada caso. Para cuando llegues a veinte.	Facilitar las habilidades sociales.
Enumera oralmente ahora aquellos a los que tú has hecho un favor grande, pensando también en el favor, y, cuando llegues a veinte, para. Si no llegas, los que te falten hasta ese número, imagínate haciéndolos a quienes quieras.	Facilitar las habilidades sociales y la reflexión objetiva respecto a las relaciones interpersonales.
Escoge a alguien en el que no suelas fijarte pero al que suelas ver y di quince cualidades buenas de él	Facilitar las habilidades sociales y la observación extrasubjetiva.
Di cinco adjetivos que sentirías si fueras un chico/a de tu edad de Etiopía y a esta misma hora llevaras más de quince horas sin haber podido comer.	Ejercitar la empatía emocional.
Describe todo lo qué harías si te enteraras a esta misma hora de que tu vecino, de tu misma edad, no ha podido celebrar su cumpleaños hoy porque su madre y su padre están en el hospital.	Ejercitar la empatía práctica.

Pon cinco ejemplos de cosas que están bien y sientes felicidad cuando las disfrutas pero son imperfectas (y de las que sabes decir al menos tres cosas por las que no son perfectas).	Ejercitar la objetividad, observación de la realidad, tolerancia a la imperfección y resiliencia.
Piensa en cinco imperfecciones de tu madre y cinco de tu padre. Ahora en quince cualidades que los hacen admirables.	Ejercitar la tolerancia a la frustración, la resiliencia, la observación y aceptación de la realidad y el pensamiento positivo.

7.º ÁMBITO: VIRTUDES CLÁSICAS Y CONTEMPORÁNEAS (CLÁSICAS CON ACTUALIZADAS DENOMINACIONES, POR SI SE PREFIEREN)

Acción	*Objetivo*
Obedecer a tus padres u otras autoridades, porque quieres, como manifestación de tu libertad, tu fuerza de voluntad, tu dominio sobre lo que te apetece, tu personalidad.	Fomentar la autoestima, la aceptación, la obediencia y la libertad unida a la responsabilidad en las consecuencias.
Pedir consejo a quien pueda ayudarnos, cuando no logremos algo o no sepamos cómo hacerlo.	Facilitar la aceptación.
Pensar en dos emociones agradables que se pueden sentir cuando hay que hacer algo que no apetece (por ejemplo, alivio por dejarlo ya atrás y que no te digan más que lo hagas).	Facilitar el atrevimiento.
Pensar en dos emociones desagradables que se pueden sentir cuando se hace algo que apetece mucho (por ejemplo, comerse un helado cuando no parecía que fuera lo correcto: sentirse culpable, mal, desobediente, poco voluntarioso o débil por haber sucumbido tan fácilmente, debido al cariño que se le tiene a quien aconsejó no tomarlo o a la razón que llevaba).	Ídem.
Decir la verdad siempre durante un día completo e intentar luego que llegue a dos: en todo. Si se falla, volver a contar el tiempo.	Facilitar la autenticidad y la transparencia.

Reconocer que se ha hecho algo antes de que se pregunte. Si no hay ocasión, imaginar dos situaciones en que se haga así.	Ídem.
Responder rápidamente a la primera pregunta que le hagan hoy.	Ídem.
Nunca empezar una contestación por «Es que».	Ídem.
Durante un día, procurar no hacer daño a nadie con lo que se hace y se dice. Empezando por una tarde primero y después la mañana siguiente.	Facilitar la consideración.
Contarle algo durante 2-3 minutos sobre dos personas y que intente sentir, durante los 2-3 minutos, las sensaciones que experimentan sus sentidos y las emociones que se describen en el relato (asegurándose en el mismo de nombrar el miedo, la preocupación, el alivio, la alegría, la tristeza, la soledad y el enfado).	Fomentar la empatía.
Pedirle un favor para que él o ella diga que no a ese favor pero haciéndolo con amabilidad, comprensión por lo que se le pide, con suaves movimientos corporales, mirando a la cara, con tono de voz calmado, sereno, sin alzar la voz, resultando amable, y no haciendo el favor, no obstante.	Facilitar la empatía, fomentar la asertividad y la serenidad.
Adelantarse a dos favores en una misma tarde, antes de que se pidan incluso estos. Ver la posibilidad de hacerlos y llevarlos a cabo antes de ser requeridos.	Fomentar la generosidad.
Pedir por favor todo lo que se pida durante una mañana o una tarde entera.	Facilitar la generosidad.
Dar las gracias por todo lo que se recibe durante una mañana o una tarde entera.	Fomentar la generosidad y el reconocimiento.
Jugar al juego de mesa llamado *Tabú* o *Party & Co*, o, sin necesidad de juego, jugar a mantener una conversación sin poder decir sí ni NO.	Fomentar la intimidad.

Decirle un secreto (inventado, imaginado) al oído y que un tercero que no lo ha escuchado se lo intente entresacar, y que él o ella logre no contarlo y ni siquiera dar pistas importantes sobre él.	Ídem.
Imagina cinco razones por las que alguien que dice que no llorado, en realidad, sí lo haya hecho, y cinco razones por las que ha mentido.	Facilitar la justicia.
Contarle un caso inventado en que dos niños disputan por algo y pedirle que investigue la opinión de los dos niños (cuya voz inventada puede ser la del propio adulto que juega con él). Después de conocer las dos versiones hay que pedirle que, aun así, no juzgue a ninguno. Y pedirle que imagine o invente circunstancias que podrían darse en que se justifique a cada uno y que no se hayan podido deducir de la investigación. Para explicarle que nunca se sabe lo que ocurre como para juzgar.	Ídem.
Decir tres características buenas de tres personas de la escuela o el trabajo, sin repetir cualidades.	Facilitar la justicia mediante la distinción.
Decir cuatro cualidades positivas del peor profesor que has tenido.	Facilitar la justicia mediante la observación positiva y fomentar el optimismo.
Ponerse ante algo que hay que hacer, calcular cuándo se puede tardar e intentar batir el récord, tardando la mitad y logrando al menos reducirla en un tercio del tiempo calculado. Hacer lo mismo con una segunda tarea.	Fomentar la laboriosidad.
Pensar en algo que no apetece hacer y hay que hacer mañana, y empezarlo hoy, aunque sea un poco.	Facilitar la laboriosidad.
Decir en qué puede ayudarse a alguien de la familia a lo largo del día y, cuando llegue el momento, cumplirlo.	Facilitar la lealtad.
Cuando se pregunte el autor de algo y haya sido uno/a, decirlo inmediatamente	Fomentar la libertad-consecuencias.
Elegir dos cosas que nos encante tener y pasar dos días enteros sin utilizarlas ni verlas si es posible.	Fomentar la moderación.

Ordena tu armario u otra zona que tienda a estar desordenada. Empezar, si se necesita, un día solo por una parte pequeña e ir extendiendo el orden cada día un poco más. A los veinte días, volver a hacerlo si ya se ha desordenado.	Fomentar el orden.
Enuncia el orden de las personas a las que debes hacer más caso y cuyas indicaciones debes seguir.	Facilitar el orden.
Piensa, sin decirlo, el orden de las personas a las que quieres más y el orden de las personas por las que eres más querido de verdad. Modifica ese orden si crees que has de decirlo por justicia (porque sigas un criterio de capricho, conveniencia e interés pasajero en lugar de de cariño y amor de verdad).	Facilitar el orden, tolerar la imperfección y fomentar la justicia.
Piensa en lo más importante que tienes en la vida, diez cosas diferentes, en orden de importancia.	Fomentar el orden.
Cuando vayas a hacer algo, cualquier cosa próxima, piensa unos 5-10 segundos antes los beneficios de hacerlo y los inconvenientes que se presentarán, y si compensa pese a ellos hacerla.	Facilitar la prudencia.
Imaginarse que le presentan a alguien, pensar en lo que se diría y cómo, si de verdad interesara más esa persona que la imagen que pueda darse.	Facilita la sociabilidad.
Durante una mañana, decir siempre lo que sentimos si no ofende a nadie, con suavidad y delicadeza, positivamente, con serenidad y flexibilidad.	Fomenta la valentía, asertividad, la autenticidad y la transparencia.
Pensar y escribir diez pasos que tendrías que dar tú para ir al cine hoy.	Fomenta la relación voluntad-decisión y libertad-consecuencias.
Piensa y escribe veinte medios o pasos que has de dar para ir tú a la ciudad de Pilsen.	Ídem.
Distinguir la basura para facilitar el reciclado.	Fomentar la ecología, sostenibilidad y cuidado del medio ambiente.
Disfrutar de las flores, sin necesidad de arrancarlas; cuidar la naturaleza al disfrutar de ella, no dejando restos no beneficiosos para ella, por ejemplo.	Ídem.

No consumir algo que se sepa que se elaboró mediante la explotación humana, especialmente infantil.	Fomentar la sensibilidad y responsabilidad en el consumo.
Ir al supermercado y limitar antes de entrar el número máximo de compras no previstas.	Ídem.
Cuidar su ropa y comer de todo, porque hay quienes no tienen nada y es su forma de que no se desperdicie lo que falta a otro y de ser agradecido.	Fomentar la sensibilidad, responsabilidad en el consumo y la justicia.
Hacer algún servicio social, acompañado si es pequeño. Por ejemplo, replantar, recoger basura del campo o la playa, servir en un comedor social, ir a visitar ancianos que no suelan ser visitados en residencias o vecindad; recoger alimentos para una campaña navideña solidaria; cambiar sus «chuches», algún capricho o necesidad, por comida para un niño/a, a través de una ONG y de entrega directa y personal si se conoce a quién...	Fomentar la generosidad y la solidaridad.
Ayudar en tareas domésticas *motu proprio* o establecidas.	Facilitar la generosidad y la justicia.

8.º ÁMBITO: FUERZA DE VOLUNTAD

Acción	*Objetivo*
Al sentarse a comer, no beber agua hasta haber llegado a consumir la mitad del primer plato.	Adquirir fuerza de voluntad.
Cuando no se pueda esperar más para algo, esperar dos minutos más.	Ídem.
Ducharse, bañarse y vestirse con rapidez.	Ídem.
Tratar de obedecer a la primera todo el día de hoy.	Ídem.
Recoger bien el cuarto hoy.	Ídem.
Acortar en unos minutos el tiempo dedicado a redes sociales o juegos digitales, así como los *likes* o el número de comentarios.	Ídem.

Poner una alarma cuando se vaya a jugar a algo digital, con o sin compañeros *online*, cuando se considere que es adecuado jugar por las circunstancias (da igual mucho o poco en este ejercicio), y, en cuento suene la alarma, cortar sin dilación en un máximo de quince segundos.	Ídem.
No decir «voy» si no se empieza a ir.	Ídem.
No decir «mañana lo haré». Si se puede, hacerlo hoy, y si no, preguntar si es posible hacerlo mañana, y no olvidarse.	Ídem.
No mentir en el día de hoy.	Ídem.
No decir «no puedo» cuando lo exacto sea «no me apetece ahora».	Ídem.
Hacer menos veces aquello que crees que no deberías hacer nunca.	Ídem.

9.º ÁMBITO: DESCUBRIMIENTO DE LA VOCACIÓN PROFESIONAL

Acción	*Objetivo*
Pensar en a qué te gustaría dedicarte profesionalmente cuando tengas treinta años. Ahora imagínate ejerciéndolo en una ciudad y en un espacio concreto (despacho, quirófano, al aire libre...). Por último, imagínate ejerciéndolo en una zona pobre de África o la India, con el espacio acorde a ese lugar. ¿Seguirías queriendo dedicarte profesionalmente a lo mismo?	Discernir entre profesión y lo que ofrece esta.
Pensar en los diez medios que exige llegar a la profesión que te gustaría y comprobar si son posibles.	Distinguir deseo real y quimera.
Pensar en que cualquier trabajo gusta si se domina, uno queda bien desempeñándolo y se recibe reconocimiento: social y por el bien que se hace a través de él.	Facilitar la elección futura.
Aceptar que la carrera profesional que gusta es la que, primero, se realiza, segundo se domina y tercero satisface.	Facilitar la satisfacción y el acierto en la elección.

Contesta SÍ O NO a las siguientes preguntas: 1. ¿Te gustaría ayudar a personas mediante tu trabajo? (si se contesta *no*, pierde mucho sentido el resto, pero puede seguirse). 2. ¿Te gustaría cuidar enfermos? 3. ¿Te gustaría solucionar problemas a personas? 4. ¿Te gustaría dar clases en Infantil, Primaria, Secundaria, ciclos o universidad? 5. ¿Te gustaría defender a las personas a las que culpan de algo? 6. ¿Te gustaría investigar en un laboratorio? 7. ¿Te gustaría cuidar animales? 8. ¿Te gustaría descubrir, perseguir, localizar y apresar delincuentes? 9. ¿Te gustaría ser escritor? 10. ¿Te gustaría ser deportista de élite, profesional? 11. ¿Te gustaría ser pintor o escultor? 12. ¿Te gustaría ser jardinero? 13. ¿Te gustaría ser cantante, actor o actriz? 14. ¿Te gustaría ser arquitecto y diseñar viviendas, un hotel o un museo? 15. ¿Te gustaría más decorar por dentro el museo, el hotel o una vivienda que calcular la estructura que haga que no se caiga? 16. ¿Quieres ser jefe de un departamento en una empresa? 17. ¿Te gustaría hacer anuncios? 18. ¿Te gustaría ser periodista no deportivo? 19. ¿Te gustaría ser periodista deportivo o presentador de TV? 20. ¿Te gustaría ser técnico de sonido o de luces en un programa de TV?	Facilitar la selección de los gustos profesionales y la creación de una vocación profesional, inserta en el contexto real.

21. ¿Te gustaría ser solo *influencer*?
22. ¿Te gustaría ser electricista, fontanero, albañil o informático, para poder arreglar las cosas que se les estropean a las familias en sus casas?
23. ¿Te gustaría ser psicólogo, fisioterapeuta, enfermero o técnico deportivo (entrenador o preparador físico)?
24. ¿Te gustaría inventar algo para todo el mundo?
25. ¿Te gustaría ser famoso?
26. ¿Te gustaría ser quien coordinara u organizara tu casa (limpieza, comida, economía, arreglos, decoración...)?
27. ¿Te gustaría ser padre o madre (o te alegras de haberlo sido si ya lo eres)?
28. ¿Te alegras de haber nacido?
29. ¿Te alegras de tener familia?
30. ¿Te gustaría ser buen profesional y ser más querido gracias a tu trabajo?

Piensa que nunca te equivocas al elegir en el presente una profesión del futuro, sino que aciertas si lo que eliges lo haces bien. Solo tienes, por tanto, que intentar mejorar cada día lo que estés haciendo y aprendiendo, lo que hayas elegido, porque has acertado sin duda.	
Piensa que, donde estés (aunque fuera 3.º de Educación Infantil o cuarto año de vida profesional), estás en el primer paso que te llevará a tu cumbre en titulación profesional, en tu trabajo, habilidad, destreza, prestigio, reconocimiento social y profesional; a mantener tu familia y ser felices juntos, tú con ella.	Descubrir el contexto vital donde el trabajo solo es un medio para ser feliz.
Piensa y pon tres ejemplos de la vida en que las cosas nunca salen mal, salvo que se abandonen o se desespere ante su resultado.	Entender la realidad del fracaso y el éxito.

Piensa y pon cinco ejemplos en la vida real en que lo que parece que ha salido mal, en realidad, con el tiempo se ve que ha salido muy bien, solo que de forma diferente a como se creía.	Ídem.
Piensa en dos ocasiones en que te encontraste ante un obstáculo, creías que ya no podrías salvarlo y acudiste a alguien que te dijo cómo superarlo y lo superaste.	Facilitar el enfrentarse a superar obstáculos y no huir.
Imagina un obstáculo en el que te puedas encontrar y que no sepas solucionar; piensa a quién podrías preguntarle para solventarlo. Hazlo ahora con otro obstáculo distinto.	Ídem.

10.º ÁMBITO: COORDINACIÓN ESCUELA Y PLAN PERSONAL E INTEGRAL DEL NIÑO / NIÑA / ADOLESCENTE (HASTA LOS 18 AÑOS, EN QUE ACABA LA ETAPA ESCOLAR)

Estas acciones las iniciarán, atenderán y evaluarán los padres y madres o los educadores, no los sujetos protagonistas de ellas.

Acción	*Objetivo*
Pedir al centro que trabaje estos diez ámbitos diferentes, equilibradamente, semanalmente los diez.	Ser tratado en la escuela integralmente y ser atendido en su diversidad de ACI.
Pedir que adapten en la medida de lo posible, con frecuencia en todo caso, los enunciados de exámenes, tareas, trabajos, etc. a los intereses del alumno/a. Ejemplo: a Álex le gustaba mucho seguir el fútbol y la liga española, a sus seis años, en 1.º de Primaria. Su profesor me preguntó, como orientador del centro, qué podía hacer con Álex, porque se aburría al tener ACI y algunos exámenes los dejaba sin contestar, aun sabiendo hacerlos («No quiero hacerlo», decía).	Adaptar y atender la diversidad de ACI.

El profesor sabía que tenía los conocimientos para el *sobresaliente* y los exámenes vacíos para el *suspenso* o su correspondiente. Le pregunté por los intereses de Álex; el profesor sí los conocía: el fútbol y la Liga. Le pedí que me pasara el próximo examen que pensara poner de Matemáticas antes de ponerlo, para traducirlo al lenguaje de Álex y su ACI. El examen contenía siete operaciones, entre ellas 32 - 4 y 17 + 8. Entonces le pusimos una sola pregunta —doble— y se lo dijo el profesor: «Es solo una pregunta, pero una muy difícil: un problema de la Liga». Álex era del Real Madrid y el problema único del examen decía: «Si el primero de la Liga tiene 42 puntos y al Madrid, el segundo, le faltan 4 para alcanzarlo, ¿cuántos partidos ha de ganar si empata dos y cuántos ha de perder o empatar el primero para que el Madrid esté arriba de la tabla? ¿Cuántos puntos separan ahora al actual líder del Rayo Vallecano, que va el décimo, si este tiene ahora 13 puntos?» La hoja de examen contenía una imagen simulada de una tabla real de la Liga y el escudo de los equipos alrededor. A los dos o tres minutos, se acercó a la mesa del profesor y le dijo: «¿Puede darme otro?».	
Establecer en tutoría quincenal con el tutor/a un Plan de Mejora Personal (terminología de Víctor García Hoz), constructivo, que conlleve un objetivo de mejora en algún aspecto académico y otro en alguno personal.	Asegurar una tutoría constructiva y positiva.
Hay que pedir que, en las tutorías, se aborden todas las dimensiones personales del alumno/a: académica, física, psicológica, espiritual, emocional, deportiva, social...	Recibir una atención integral.

Hay que pedir que en todo momento escolar el alumno/a sea tratado/a como persona (con los treinta y cinco rasgos que se vieron que componían la definición de persona), contando con que el docente lo es también (imperfecto, con capacidad de mejora, único...).	Asegurar la educación personalizada y de calidad, si además es integral.
Exigir un trato siempre exigente, pero positivo, del alumno/a.	Aumentar la autoestima y satisfacción escolar.
Ofrecerle ayuda externa (por ejemplo, información o proposición de más acciones), a través de la familia, si es admitida por el docente.	Asegurar la correcta atención a la diversidad del alumno/a.
Pedirles que le pregunten por qué hace las cosas siempre que duden de por qué las hace de una forma determinada o no las haga.	

Una sugerencia concreta de las posibles
APLICACIONES A TU HIJO

En definitiva, aprovechemos sus gustos para desarrollar todo lo que es y quiere aprender. Sin presión, con satisfacción, sin prisa, sin necesidad, con agrado, sin evaluación.

Nota final

Su futuro estará en su infancia

La sociedad como tal no protegerá a tu hijo ni a tu hija, sino a la propia sociedad. La clave estará en que entre todos los que la conforman haya muchos que actúen protegiendo a los demás con su sensibilidad e iluminándolos con su genialidad.

El futuro de cada hijo e hija estará en mirar a su infancia y encontrar en ella las capacidades que como ser humano nunca perdió pero no ejercita desde hace tiempo, y que cuando era niño le resultaba tan fácil poner en marcha ante sí mismo y los demás.

El alimento que nos dará fuerza en la escalada de nuestra vida, cuando estemos exhaustos, se guarda en la mochila de la infancia. Por eso hemos de aprender a portarla con cuidado para no perderla nunca, pero abrirla sin miedo, porque es inagotable lo que contiene.

La infancia no es la etapa más feliz de la vida del ser humano *per se*, aunque puede serlo (como la adolescencia, adultez o senectud, porque alguna ha de serlo), pero lo que sí tienen todas las infancias es la capacidad de regenerar la vida en todo momento, de reiniciarla, de desempolvar la brújula que señala el Norte, el Este, el Oeste y el Sur y desear seguir el rumbo que se previó de niño. Sin prejuicio, como cuando éramos pequeños y todo estaba por vivir.

El futuro de nuestros hijos está en cargar su mochila de tradiciones, costumbres, sensibilidad, y de toda nuestra genialidad de padres, madres, familiares o educadores. Si le añadimos cariño y amor, y no pierde su mochila, entonces su infancia, además de asegurarle el futuro, le asegurará la felicidad.

Este libro se terminó de imprimir, por encargo de Almuzara, el 3 de noviembre de 2022, primer jueves del mes, declarado por la UNESCO Día Internacional contra la Violencia y el Acoso en la Escuela, incluido el Ciberacoso.